全民阅读
中华优秀传统文化
经典系列

刘苍劲 丛书主编

大中孝
学庸经

邓启铜 诸华 注释

杨俊 王佳佳 导读

鲍桂 刘苏慧 配音

北京师范大学出版集团
BEIJING NORMAL UNIVERSITY PUBLISHING GROUP
北京师范大学出版社

图书在版编目(CIP)数据

大学 中庸 孝经/ 邓启铜，诸华注释. —北京：北京师范大学出版社，2019.2

（中华优秀传统文化经典系列）

ISBN 978-7-303-23100-3

Ⅰ.①大… Ⅱ.①邓… ②诸… Ⅲ.①儒家 ②《大学》－注释 ③《中庸》－注释 ④《孝经》－注释 Ⅳ.①B222.12 ②B823.1

中国版本图书馆 CIP 数据核字(2017)第 289919 号

营 销 中 心 电 话　010-58805072　58807651
北师大出版社高等教育与学术著作分社　http://xueda.bnup.com

DA XUE ZHONG YONG XIAO JING

出版发行：北京师范大学出版社 www.bnup.com
　　　　　北京市海淀区新街口外大街 19 号
　　　　　邮政编码：100875
印　　刷：保定市中画美凯印刷有限公司
经　　销：全国新华书店
开　　本：787 mm×1092 mm　1/16
印　　张：15
字　　数：230 千字
版　　次：2019 年 2 月第 1 版
印　　次：2019 年 2 月第 1 次印刷
定　　价：45.00 元

策划编辑：祁传华　魏家坚　　　责任编辑：王　蕊
美术编辑：王齐云　　　　　　　装帧设计：王齐云
责任校对：陈　民　　　　　　　责任印制：马　洁

继承和弘扬中华优秀传统文化
大力加强社会主义核心价值观教育

　　中华文化源远流长、灿烂辉煌。在五千多年文明发展中孕育的中华优秀传统文化，积淀着中华民族最深沉的精神追求，代表着中华民族独特的精神标识，是中华民族生生不息、发展壮大的丰厚滋养，是中国特色社会主义植根的文化沃土，是当代中国发展的突出优势，对延续和发展中华文明、促进人类文明进步，发挥着重要作用。

　　中共十八大以来，以习近平总书记为核心的党中央高度重视中华优秀传统文化的传承发展，始终从中华民族最深沉精神追求的深度看待优秀传统文化，从国家战略资源的高度继承优秀传统文化，从推动中华民族现代化进程的角度创新发展优秀传统文化，使之成为实现"两个一百年"奋斗目标和中华民族伟大复兴中国梦的根本性力量。习近平总书记指出："一个国家、一个民族的强盛，总是以文化兴盛为支撑的，中华民族伟大复兴需要以中华文化发展繁荣为条件。""中华传统文化博大精深，学习和掌握其中的各种思想精华，对树立正确的世界观、人生观、价值观很有益处。"

　　中华文化独一无二的理念、智慧、气度、神韵，增添了中国人民和中华民族内心深处的自信和自豪，也孕育培养了悠久的文化传统和富有价值的文化因子。传承发展中华优秀传统文化，就要大力弘扬讲仁爱、重民本、守诚信、崇正义、尚和合、求大同等核心思想理念，就要大力弘扬自强不息、敬业乐群、扶危济困、见义勇为、孝老爱亲等中华传统美德，就要大力弘扬有利于促进社会和谐、鼓励人们向上向善的思想文化内容。当前，我们强调培育和弘扬社会主义核心价值观，必须立足中华优秀传统文化，使中华优秀传统文化成为涵养社会主义核心价值观的重要源泉。核心价值理念往往与文化传统与文化积淀息息相关、一脉相承。社会主义核心价值观充分体现了对中华优秀传统文化的继承和升华。"富强、民主、文明、和谐，自由、平等、公正、法治，爱国、敬业、诚信、友善"的社会主义核心价值观，既深刻反映了社会主义中国的价值理念，更是五千年中华优秀传统文化的传承与发展。将中华优秀传统文化作为社会主义核心价值观教育的重要素材，以中华优秀传统文化涵养社会主义核心价值观，是明确文化渊源和民族文魄，树立文化自信和价值观自信，走好中国道路和讲好中国故事的必然要求。

2017年1月，中共中央办公厅、国务院办公厅印发了《关于实施中华优秀传统文化传承发展工程的意见》，将实施中华优秀传统文化传承发展工程上升到建设社会主义文化强国的重大战略任务的高度，力图在全社会形成重视中华优秀传统文化、学习弘扬中华优秀传统文化的氛围。由刘苍劲教授组织广东省上百位专家学者历时三年主编的这套"全民阅读·中华优秀传统文化经典系列"丛书，是广东省贯彻落实习近平总书记关于大力弘扬中华优秀传统文化系列讲话精神的重大举措，是具有广东特色、岭南气派的文化大工程。该套丛书真正体现了全民阅读的需要，每本经典都配有标准的拼音、专业的注释、精美的诵读，使不同阶层、不同文化、不同年龄、不同专业的中国人都可以读懂、读通、读透这些经典。通过客观、公正的导读指导，有机会阅读该丛书的读者都能够在阅读中华优秀传统文化经典中受到历史、政治、科学、人文、道德等多方面的启迪，在阅读中弘扬、在阅读中继承、在阅读中扬弃，从而实现树立社会主义核心价值观的目的。

该丛书质量精良，选题准确，导读科学，值得推荐，是为序。

刘苍劲

2018年6月

目 录

大学 / 1

中庸 / 59

大 学

梁园飞雪图　清·袁 江

百里奚

炊盡廣虞
烹伏雌
函關
遙指出
門時
羊皮
牛口都
休問却憂
流傳
樂府雞 揀石生題

百里奚

《大学》导读

杨 俊

　　《大学》，原为《小戴礼记》第四十二篇。唐韩愈、李翱，宋程颢、程颐开始重视《大学》对经学的独特意义。朱熹将《大学》从《礼记》析出，综合前述各家观点，并经自己的凝练与拓展，编为《四书章句集注》的《大学章句》。全文分为"经""传"两部分。"经"即"明德章"，为曾子记述的孔子之言。其余九章为"传"，为曾子门人记载的曾子言论。原文除十章正文外，还有朱熹为释读"经""传"撰写的"章句"。从经学的意义来说，《大学》为曾子继承孔子的治学门径，《中庸》为子思继承孔子的"圣门心法"，二者共同铸成孟子思想的基础，是论证理学为儒学正统的代表作，也是区分理学与其他儒学的关键著作。按照二程和朱熹的说法，《大学》为"初学入德之门"。作为宋以后士子参加科考的基础课本，《大学》是近千年来我国士子立身、为人、治学的入门必读书。

　　战国时期，儒家分为"性善""性恶"两途。孟子是"性善"一途的继承者，为后世儒生所效法。而荀子则发扬"性恶"一途，成为法家的奠基人。法家重"领"，即树立君主的权威以立法度，遏制人作恶行为的消极治理方法。而儒家重"导"，即以圣人为师，儒生为体，限制君权，树立上至君主、下至百姓必须遵循的道德典范，从而实现全民向善的积极治理手段。总的来说，朱熹继承的儒学，便属于孟子一派。

　　朱熹学问体系的核心，便是"灭人欲，存天理"。《大学》里所说的"明德"，指的就是这六个字。该六字上承孔子"克己复礼"之说，是"仁"的具体表述。"灭人欲"，为灭一己私欲之意。凡以私害公，便是私欲，需灭除。不以私害公，则非私欲，为"性"的体现，需留存。譬如某朝宰相，他的学问非常好，尽心尽力地教自己的儿子念书，并以身作则给他树立很好的榜样，激励儿子勤学向上，便属于"性"，这种欲望不需革除。倘若这位宰相因为对儿子的溺爱，帮助儿子在考场作弊，或以潜规则为儿子的官场铺路，这些行为妨碍了别人孩子的正常晋升之路，这些欲望便是私欲，需革除。人人灭除私欲之后，社会便可达到"存天理"的状态。"礼"为天理的入门，懂得了"礼"，天理便可自悟。"礼"的根本是"信""忠"二字。"信"是对周围的人和事持一种真诚、虚心、友善的求索心态。"忠"一字，更多的是忠于民，忠于事业，并非忠于皇朝。为君者能代表民众的时候，为臣者自当忠于此君。为君者不能代表民众的时候，为臣者自应推翻他的统治，另立新君以求忠于中华的民生与文脉。"愚忠"于一姓皇朝的行为，自然属于一己私欲，需革除。因此，认为理学或者儒学是彻底的忠君之学的观点，是极大的谬误。朱熹之学，是为防制门阀士族的再生与无限制的君主专制而作的，是规范读书人立志、求学与行为的学问。宋以后，我国门阀士族尽灭，宋明清各朝大体上均能选贤与能，即读书人大体上都能不因出身而因才学参加公平的考试而实现其经国治世的理想，此便是理学的成就。不理解理学产生的思想根源，便无法理解《大学》的真谛。

总体而言，《大学》是教育人们成为"大人"的学问。"大人"便是学习了完整的人文和自然科学知识、能慎独行善、理性并具备思辨能力、以民心为己心，以中华的民生和文脉为己任，可以为师教化民众，可以为官以民为命、监督帝王，甚至可以为帝王实现保民与选贤的人。文中所说的"君子"、传统典籍里说的"士子""士大夫"等，也和"大人"同意。与"大人"对立的概念是"小人"，是《大学》极力排斥之人。"小人"和"大人"的区别，不在于所学知识的多少，不在于官位的高低，也不在于钱财的多寡，而在于是否有德，是否有社会责任感。无社会责任感，一心钻营为己的人也叫作"小人"，这与现代"小人"的含义，区别较大。

《大学》体现了理学的精髓，与诚信、友善的价值准则，平等、公正的价值取向和民主、文明的价值目标及和谐社会的建设目标，有较大的相似之处，属于优秀传统文化的一部分，是值得发扬的。然而，《大学》体现的思想仍有一定的局限性。第一，《大学》注重的是忠于传统的儒家文化，而践行社会主义核心价值观，还必须将社会主义的理念与传统的"大同"理想结合，才能建设中国特色社会主义的文化体系，中华文化和社会主义的理想才能放出应有的光彩。第二，《大学》重知，而社会主义核心价值观重行。在今天的社会里，须注重实践、知行合一，才能有效地整合传统文化和社会主义的价值体系。第三，若严格践行《大学》的修身之道，则有教条主义之嫌。如何在社会主义核心价值的主题下，灵活地学习并运用"大学之道"，改良自身与社会，是一个值得长期探究的问题。第四，《大学》指的是儒家的发展道路，只能建立一个公正、平等，但却是"均穷"的国度，并不能建成一个富强的国家。如何建立一个既是"富强"又是"均富"的社会主义国家，则是社会主义核心价值观才能回答的问题。第五，社会主义核心价值体系是比《大学》更全面的实现社会理想的途径。全面的体系，需精深的学问予以支持，方可实现。《大学》作为精深传统学问的一种，只可作为实现社会主义核心价值体系的辅助手段，不可替代该价值体系。

一、明德章

此章总述了"大学"的含义及人们通过"自新"，继而"新民"的途径实现"大学"的方法。所谓"大学"，即大人之学。所谓大人者，不失其赤子之心者也。所谓赤子之心，即至善之心。"大学"即实现全民向善的学说，不仅是士子求学的门径。其中，"自新"指的是人自修的"明德"之道，主要是格物、致知、诚意、正心、修身前五纲。而齐家、治国、平天下后三纲则属于"新民"之法，即率先实现"明德"的士子，教育他人达到"明德"状态的手段。理学与其他儒学的最大差异，在于其更为注重"新民"之道。格物、致知为物之学，即对万物（包括人类社会）运行的客观规律的学习。诚意、正心为理之学，即在领会万物运行规律的基础上，在自身的"心"的层面，建立符合客观规律，并符合儒家"大同"理想的学问体系。人经格、致、诚、正的学习之后，便需经不断地总结和反思，将所学贯穿为一体，这便是修身之法。修身之后，便要将所学奉献社会，即实现齐、治、平后三纲。齐家指人对家族，或说宗族的任务；治国指人对一姓之国，或说皇朝的责任；平天下指人对中华文化与民生的使命。以上三纲，皆以修身为本。士子作为百姓的先行者，其责任便是通过言传、身教两种方式，将所学教予身边的人；同时依据所学致仕，治理国家，造福于民。

二、康诰章

此章叙述"明德"的来历。宋人立志高远，常将其学说上溯至古三代。朱熹将其"明德"的思想上溯至《尚书》，体现了宋人"代先圣立言"的论证手法。这种与前人对话论证问题的方式值得仿效，但不必拘泥于先人，在守成的基础上创新，是社会主义核心价值观下人们追求真理的途径。

三、盘铭章

此章叙述"新民"的来历。汤之盘铭说的是"自新"之法，即自省之法。曾子说，人需每日反思自己的所作所为，以求产生新的智慧。自省主要包括三个方面，即是否忠于事业、是否诚信做人、是否不断研读圣贤之书。"自新"为修身之法，也是"新民"的基础。人只有不断"自新"，才可不断地从事"新民"的工作，也就是"温故而知新，可以为师矣"。这种建立在自我反思的求学及做人方式基础上，弘扬我们的文化和事业的方法，是较为严谨的，值得今天的人们继续发扬。然而，社会主义核心价值体系囊括的范围更广，每个人除需常常反思以上三个方面外，还需要根据自己的职业特点，反思其工作中与社会主义核心价值观相关的部分。如求学者除研读圣贤之书外，仍需研读马列经典，以马列主义的本位反思传统文化，才能产生新的智慧。法官除时常反思其是否履行好为人民服务的职责，忠于人民外，还需反思其法学思想是否有所进步。诸如此类，正是圣贤经典与时俱进的体现。也就是说，反思的手法须效法先贤，但反思的内容，须有扩展。反思内容的扩展，也必须建立在实践的基础上，不能以古典教条的经验为纲。

四、邦畿章

此章解释了"止于至善"的内容。第一段论证了万物皆有行为准则。第二段描述了在理想的社会状态下，人作为君、臣、父、子、友的行为准则。第三段解释了古代君子好学、善自省、被民尊为师的高风亮节，为的是劝导当时的"君子"以好学、自省、可以为师三点为求学、做人的目标。第四段劝导当时的"君子"不忘上古和谐社会，以实现社会的尊贤与选贤，家庭的亲爱和睦为己任，不要成为沉溺于声色犬马及追逐名利等俗事的"小人"。以上各种人的标准行为，便是"至善"。其中，第二段指出君的责任在于"仁"，大体上包含保民和选贤两种职责。臣的责任在于尽忠职守地做好事情。子的责任在于孝顺父母。父的责任在于对子女慈爱。人与人之间的交往，以真诚为准则。在儒家传统理想体系中，从君主到庶民，都有自己特定的责任。以上这些，只是理想状态下各种人的责任。总体来说，该章描绘的都是"选贤与能，讲信修睦"的"大同"社会理想和为民之先的"君子"的社会责任。人人能遵"至善"之道，社会便能"大同"。其中，"亲其亲"较容易引起误解。"亲其亲"是实现"大同"社会中"不独亲其亲，不独子其子"的途径。客观来说，人必然都是在自己的家庭生活中，领会亲情的含义的。人知道什么是亲情后，若想修成"大人之学"，还必须将在自己家庭中学到的亲情扩散至社会，实现社会的"不独亲其亲，不独子其子"。否则，他就会由于对家庭成员的"私爱"，而不能成为"君子"或"大人"，只能成为"小人"。根本说来，"亲其亲"也和社会主义主流价值观相合，并不对立。若精研此章含义，便可知"止于至善"的修身之法，仍可为今天求学者自修使用。然而，这种建立在性善学说基础上的自修之法，仍不能全面地防恶人作恶。建设社会主义国家的核心价值体系，除了重视这种优秀的传统道德之外，还需注重传统社会忽视的法制方面的建设，方能收传统道德和现代法制双重功效，建立更为和谐的社会。

格物致知章

此章说的是"格物、致知"的方法。物为世间万物之意。邵雍《观物》篇说："生一物之物而当兆物之物者，岂非人乎……是知人也者，物之至也。"由此可知，人是万物的灵长，世间万物必然包括人。"格物"的意思便是通过学习和反思领悟万物运行（包括人类社会运行）的客观规律，"物格"之后，"知"便自然形成了。格致之学体现了朴素的人文主义思想，符合"以人为本"的发展观，这点自须发扬。儒家的格致对自然界的理解，主要来自阴阳五行之说，也带有极为深厚的人性烙印。阴阳五行在宋代，衍生出太极学说，自有其严密的逻辑，也有较为精深的学理依据，今人大致可将其理解为万物人性化的体现，绝不可妄议为迷信。然而，历史的经验证明，这种学说始终没有现代自然科学的威力广大。现代社会理解格致之学应偏重对人及人性的阐释，对自然规律的研究，还需遵从现代自然科学的方法，不可迷信古人。同时，格致之学也缺乏有关实践的表述，作为社会主义新人，自应以实践为基础，做到知行合一，而不能空谈认知。

五、听讼章

此章举例解释了"本末"的含义。这个例子便是百姓遇到纠纷，需要裁决之时，作为裁决者的圣人，与其依据证据做出判决，还不如教导民众明德的道理，让百姓在心里树立道德的观念，这样纠纷就不存在，也就不需要裁决了。教育和道德是保证社会和谐的根本，这点是值得肯定的。然而，现代社会的情况实较传统社会更为复杂，法律除了制裁犯法者以外，也发挥了前所未有的规范人们行为的作用。因此，法治和教化在规范现代人行为这个方面，有着同等重要的作用，不可偏废其一。

六、诚意章

此章解释了"诚意"的含义。"诚意"，包括两层含义，第一层是不自欺，第二层是慎独。不自欺就是人要对恶行好像闻到恶臭那般厌恶，对善行好像见到美色那样喜欢，以真诚的态度对待周围的人和事，善恶分明。慎独就是严格要求自己为善去恶，不应无人在旁便纵容自己作恶。做到善恶分明，为善去恶两点，人自然就能快乐、充实，就达到了"诚意"的状态。这种精神值得今天的社会继续发扬。然而，善恶的界定也是随着人类实践的发展而变化的，古代先贤也并非一成不变地严格划定善恶。因此，善恶的内容，除先贤所说的以人为本，践行社会公义之外，还需要结合社会主义核心价值观，在社会主义建设的实践过程中不断地发展。

七、正心修身章

此章解释了"正心修身"的含义。凡人心中皆有愤怒、恐惧、欢逸、忧患等情感，此乃人之常情。如果没有以上这些情感，人就不能称之为人。倘若人让情感操纵了自己，人的心就不正了，事情就会办坏。因此，人要直面情感，不要刻意遏制它们，也不要让情感过于泛滥，操纵自己。心正了，人才能以客观的态度审视一切的事物，才能学有所得、学有所成。人经反复的格、致、诚、正的学习后，按"正心"的态度将所学知识贯穿成一体，"修身"的目的便达到了。该章教育我们要抱着客观的心态持之以恒地去学习。然而，今天我们除抱定客观心态去学习外，还需从实践中获得新的经验和体验，不应迷信书本教条。

八、齐家章

此章说明了"齐家"之道。齐家之本在家主之身修，家主身修则必教家人修身，全家身修，则家齐。因此，"齐家"之道在于家族成员的修身。凡人皆不可为亲爱、贱恶、敬畏、哀怜、傲慢、惰逸等情感操控自己。这些情感一旦过于泛滥，人心则不正，身便不修了。须知我们心中再喜好的事物也有不好的地方，再讨厌的事物也会有美好之处。作为家主的责任，在于教育家族成员，同时知悉每个家人的优缺点，帮助其改正缺点，或引导其化弊为利。以上修身齐家之道，也适合在今天的社会继续发扬。然而，今天的家基本上都是小家庭，大家族已鲜见于世。这种修身齐家之道，一定程度上也可以供办实业、管理单位者参考，不应仅为治理家庭之道。

九、治国章

此章论述了"治国"之道。在儒家看来，治国之道归根结底还是教化之道。所谓教化，重"教"，即"言传"的直接教育行为，亦重"化"，即"身教"的间接教育影响。而教化的根本，还在于修身的学习和齐家的锻炼。这章主要规范了君主的行为，大力劝导了君主要行仁政，即君主均需要严格对己"灭人欲，存天理"之道，并言传身教地将这个"道"教予百姓，国便能治。如果君主能做到以上的这些，士子便需为臣忠心辅佐他。这种对君主行为的规范，在当时的社会具有较大的积极意义。然而，世殊事异，今天的中国已实现人民当家做主，代表人民的人已不是君主。各种人民的代表，仍须以"仁"的标准要求自己。同时，这些代表还应注意对身边的人起到言传身教的作用。另外，现代国家的内容极为复杂，现代教育的内容，也应随之按照社会主义核心价值观进行扩充。以上说的只是治理现代国家的基本心态和最初步的手段。

十、絜矩章

此章论述了"平天下"的意义。这章主要指出了"士子"，即受过教育，并完成修身、齐家二事的平民子弟的使命。

第一段指出士子对仁君的责任，指出仁君也有各种缺点，士子为臣自当包容他。同时，士子也当履行好自己的社会责任，即言传身教地教育民众。

第二段指出士子应以民心为己心，为臣时除教化民众外，还有以民为命，规劝君主的责任，也指出了君主若违背民意，则有可能得到身死国亡下场的警示。字里行间，透露了士子也有废黜甚至是诛杀罔顾民意的"独夫"君主的责任。此论点可见于《孟子集注·梁惠王章句下》。某日齐宣王问孟子："汤流放了桀，武王讨伐纣，这些事有吗？"孟子回答："史书有记载。"齐宣王又问："像这样，臣子弑杀君王可以吗？"孟子回答："破坏仁者叫作贼，破坏义者叫作残。仁义尽毁的残贼，就是独夫。我只听说过诛杀独夫纣，没听说过这种行为叫弑君。"同见《孟子集注·万章章句下》，大意如下。某日齐宣王问孟子"卿"的区别。孟子回答"卿"分"贵戚之卿"和"异姓之卿"两种，两种"卿"的责任是在君主犯错时劝谏君主，经反复劝谏后君主仍不改正，卿作为臣子的责任就是废君或诛杀此人。朱熹在其集注中，发扬了孟子的这种说法。此段最后一句也有此意。

第三段至第六段，更为详细地论证了君主行"仁"的重要性和士子对"仁"的责任。对君主来说，"仁"的行为可概括为两种。其一为保障人民的生存与生命的代际延续；其二为彻底地实现选贤与能，永久地防制身份制度的复辟。士子对"仁"的责任便是：以"灭人欲，存天理"的方式完成自我修身，成为"大人"，进而教化全民修身，同时，还须时刻监督君主修身，并时刻劝谏君主和自己一样，以民心为己心。士子如遇到君主多次不听劝谏的情况，还应有废黜君主甚至是诛杀原君的义务。最后一段所举孟献子的典故，便是宁可对君不忠，不可对百姓不忠的意思。

以上便是士子对"天下"，即中华的民生与文脉的责任。"国"与"天下"是一种既对立又统一的关系。当"国"的代表君主行"仁"的时候，"国"便代表"天下"，士子便须辅佐之。一旦君主不能行"仁"，则士子便须选择忠于"天下"而舍弃"国"。这才是理学乃至儒家思想的真谛。由此可知，以教育为出身和晋身之阶的士子，对中国传统文明最为重要。这样的思想，具备一定的平等、公正、民主、文明的含义。

这种以教育为根本的治理国家乃至保存中华民生及文脉的制度，是中华民族历经数千年而不衰的根源。纵观社会主义核心价值观的纲领，亦无一字不以教育为根本。尤其是民主，必须重视教育的力量，不以教育为根本的民主，便只能是民粹。经以上的诠释，可知传统思想中"仁"的概念，已包括社会主义核心价值观里的诚信、友善、平等、公正、民主、文明、和谐等内涵。然而，社会主义核心价值观还有爱国、敬业、自由、法治、富强等现代社会的内涵。这些内涵是朱熹那个年代的社会未能提出或未能给予充分重视的。因此，我们除了充分学习古典的内容外，还应更为勤奋地研习有关社会主义现代化建设的文献，方可充分地将我国优秀的传统文化和社会主义现代化事业结合起来，创造更美好的社会主义国家。

携琴观瀑图　明·沈　硕

大学章句序

　　《大学》之书，古之大学所以教人之法也。盖自天降生民，则既莫不与之以仁义礼智之性矣。然其气质之禀或不能齐，是以不能皆有以知其性之所有而全之也。一有聪明睿智能尽其性者出于其间，则天必命之以为亿兆之君师，使之治而教之，以复其性。此伏羲、神农、黄帝、尧、舜，所以继天立极，而司徒之职、典乐之官所由设也。

　　三代之隆，其法寖备，然后王宫、国都以及闾巷，莫不有学。人生八岁，则自王公以下，至于庶人之子弟，皆入小学，而教之以洒扫、应对、进退之节，礼乐、射御、书数之文；及其十有五年，则自天子之元子、众子，以至公、卿、大夫、元士之嫡子，与凡民之俊秀，皆入大学，而教之以穷理、正心、修己、治人之道。此又学校之教、大小之节所以分也。

　　夫以学校之设，其广如此，教之之术，其次第节目之详又如此，而其所以为教，则又皆本之人君躬行心得之余，不待求之民生日用彝伦之外，是以当世之人无不学。其学焉者，无不有以知其性分之所固有，职分之所当为，而各俛焉以尽其力。此古昔盛时所以治隆于上，俗美于下，而非后世之所能及也！

　　及周之衰，贤圣之君不作，学校之政不修，教化陵夷，风俗颓败，时则有若孔子之圣，而不得君师之位以行其政教，于是独取先王之法，诵而传之以诏后世。若《曲礼》《少仪》《内则》《弟子职》诸篇，固小学之支流余裔，而此篇者，则因小学之成功以著大学之明法，外有以极其规模之大，而内有以尽其节目之详者也。三千之徒，盖莫不闻其说，而曾氏之传独得其宗，于是作为传义，以发其意。及孟子没而其传泯焉，则其书虽存，而知者鲜矣！

　　自是以来，俗儒记诵词章之习，其功倍于小学而无用；异端虚无寂灭之教，其高过于大学而无实。其他权谋术数，一切以就功名之说，与夫百家众技之流，所以惑世诬民、充塞仁义者，又纷然杂出乎其间，使其君子不幸而不得闻大道之要，其小人不幸而不得蒙至治之泽，晦盲否塞，反覆沉痼，以及五季之衰，而坏乱极矣！

　　天运循环，无往不复。宋德隆盛，治教休明。于是河南程氏两夫子出，而有以接乎孟氏之传。实始尊信此篇而表章之，既又为之次其简编，发其归趣，然后古者大学教人之法、圣经贤传之指，粲然复明于世。虽以熹之不敏，亦幸私淑而与有闻焉。顾其为书犹颇放失，是以忘其固陋，采而辑之，间亦窃附己意，补其阙略，以俟后之君子。极知僭逾，无所逃罪，然于国家化民成俗之意、学者修己治人之方，则未必无小补云。

淳熙己酉二月甲子，新安朱熹序

昊天有成命

一　明德章
yī　　　míng dé zhāng

dà xué　zhī dào　　zài míng míng dé　　　zài qīn
大学①之道：在明明德②，在亲

mín　　　zài zhǐ　　yú zhì shàn　　zhī zhǐ　ér hòu yǒu
民③，在止④于至善。知止而后有

注释：①大学：即博学，广泛地、大量地学习。②明明德：使明德显露出来。前"明"是动词，彰明之意。明德是光明之德，善德。③亲民：按程颐的观点，应为"新民"，即使人自新。王阳明认为"亲"并无误。④止：达到。

杏园雅集图(局部)　明·谢　环

定①，定而后能静，静而后能安，安而后能虑，虑而后能得②。物有本末③，事有终始，知所先后，则近道④矣。

古之欲明明德于天下者，先

注释：①定：确定的志向。②得：指有所收获，得到至善。③本末：本指树干，是根本；末指树梢，指枝节。④近道：接近大学的原则。

杏园雅集图（局部） 明·谢 环

治①其国②；欲治其国者，先齐其家③；欲齐其家者，先修其身④；欲修其身者，先正其心⑤；欲正其心者，先诚其意⑥；欲诚其意者，先

注释：①治：治理好。②国：周朝实行分封制，天子将部分土地和奴隶分封给诸侯，诸侯的封地叫作国。③齐其家：使其家族齐心。④修其身：修养自身的品德。⑤正其心：端正其心思。⑥诚其意：使其想法真诚。诚：使真诚。

西园雅集图(局部)　宋·马　远

zhì qí zhī　　zhì zhī zài gé wù　　wù gé ér hòu
致其知①；致知在格物②。物格而后

zhī zhì　　zhī zhì ér hòu yì chéng　　yì chéng ér hòu
知至，知至而后意诚，意诚而后

xīn zhèng　　xīn zhèng ér hòu shēn xiū　　shēn xiū ér hòu
心正，心正而后身修，身修而后

注释：①致其知：获得知识。致：得到。知：知识。
　　　②格物：探究事物的原理。格：探究。物：事物之理。

南唐文会图　北宋·赵　昌

jiā qí jiā qí ér hòu guó zhì guó zhì ér hòu
家齐，家齐而后国治，国治而后

tiān xià píng
天下平。

zì tiān zǐ yǐ zhì yú shù rén yī shì jiē
自天子以至于庶人①，壹②是皆

yǐ xiū shēn wéi běn qí běn luàn ér mò zhì zhě
以修身为本。其本③乱而末治④者，

fǒu yǐ qí suǒ hòu zhě bó ér qí suǒ bó zhě
否⑤矣；其所厚者薄⑥，而其所薄者

注释：①庶人：西周以后指农业生产者。秦以后指没有官爵的平民。②壹：一切，一概。③本：根本。④末治：指其他方面治理成功。⑤否：不可能。⑥其所厚者薄：该尊重却轻视。厚：尊重。薄：轻视。

季康币迎 明·《孔子传》

hòu wèi zhī yǒu yě

厚，未之有也①。

注释：①未之有也："未有之也"的倒装，即没有这种事。

八仙图　明·张　路

二　康诰^①章

èr　　kāng gào　zhāng

kāng gào　yuē　　　　kè　míng dé
《康诰》曰："克明德^②。"

tài jiǎ　　yuē　　gù　shì tiān zhī míng
《大甲》^③曰："顾^④谡^⑤天之明

注释：①《康诰》：《尚书》篇名。②克明德：能够弘扬光明的品德。明：彰明。德：品德。③《大甲》：《尚书》篇名。④顾：思念。⑤谡：古"是"字，即这或此。

王祥剖冰求鲤

命^①。"《帝典》^②曰："克明峻^③德。"皆自明也。

注释：①明命：明确的安排。②《帝典》：《尚书》篇名。③峻：高大，伟大。

彩绘竹林七贤图

三　盘铭章
sān　　pán míng zhāng

tāng zhī pán míng　yuē　　gǒu rì xīn　　rì　rì

汤之盘铭①曰："苟日新②，日日

xīn　　yòu rì xīn　　kāng gào　yuē　　zuò xīn

新③，又日新。"《康诰》曰："作新

注释：①盘：沐浴之盘。铭：名其器以自警之辞。②苟日新：假若一天自新。苟，假若、果真。③日日新：天天自新。

汤德日新图·《尚书图解》

23

民^①。"《诗》曰："周^②虽旧邦，其命^③惟^④新。"是故君子^⑤无所不用其极^⑥。

注释：①作新民：作，振作，鼓励。新民，使民自新。②周：周朝。③其命：指周朝承受的天命。④惟：语气词。⑤君子：指统治者及其代表。⑥无所不用其极：这里是指道德的高度自我完善。

兆民允殖图·《尚书图解》

sì　　　bāng jī zhāng

四　邦畿章

shī　　yún　　　bāng jī　　qiān lǐ　　wéi mín

《诗》云："邦畿①千里，惟民

suǒ zhǐ　　　　　shī　　yún　　　mián mán　huáng niǎo

所止②。"《诗》云："缗蛮③黄鸟，

注释：①邦畿：国都附近的土地。②所止：停止、居住的地方。③缗蛮：一般解释为鸟的叫声。缗，《诗经》作"绵"。

建邦设都图·《尚书图解》

四海仰德图·《尚书图解》

zhǐ yú qiū yú　　zǐ yuē　　yú zhǐ　　zhī qí

止于丘隅①。"子曰："于止②，知其

suǒ zhǐ　kě yǐ rén ér bù rú niǎo hū

所止，可以人而不如鸟乎？"

shī yún　　mù mù wén wáng wū

《诗》云："穆穆③文王，於④

jī xī jìng zhǐ　wéi rén jūn zhǐ yú rén

缉熙⑤敬止。"为人君，止于⑥仁⑦；

注释：①丘隅：山边。②于止：该栖息的时候。③穆穆：深远的样子。④於：表示赞叹的语气词，相当于"啊"。⑤缉熙：光明的样子。一说"缉"为继续。缉，旧读qī，一作qì。⑥止于：做到的意思。⑦仁：指人与人之间相互体贴爱护，是孔子思想体系的核心。

仁心慈政·《瑞世良英》

忠孝兼尽·《瑞世良英》

为人臣，止于敬①；为人子，止于孝②；为人父，止于慈③；与国人交，止于信④。

《诗》⑤云："瞻彼淇澳⑥，菉竹猗猗⑦。有斐⑧君子，如切如磋，如

注释：①敬：恭敬，严肃认真。②孝：指子女对父母的尊重和服从。③慈：指慈爱。④信：诚信。⑤《诗》：指《诗经·卫风·淇奥》篇。⑥瞻彼淇澳：看淇水弯弯的岸边。瞻，看。彼，那个。淇，淇水，在今河南北部。澳，水边。"澳"在《诗经》中作"奥"。 ⑦菉竹猗猗：菉，草名，又名王刍。一说"菉竹"即"绿竹"，菉通绿。猗猗，形容长而美的样子。猗，按此义读 yī，但为押韵，此处宜读 ē。⑧斐：有文采的样子。

西园雅集图　清·原　济

^{zhuó} ^{rú} ^{mó} ^{sè} ^{xī} ^{xiàn} ^{xī} ^{hè} ^{xī} ^{xuān} ^{xī}
琢如磨。瑟兮僩兮①，赫兮喧兮②。

yǒu fěi jūn zǐ zhōng bù kě xuān xī rú qiē
有斐君子，终不可谊③兮。"如切

rú cuō zhě dào xué yě rú zhuó rú mó zhě zì
如磋者，道学④也；如琢如磨者，自

xiū yě sè xī xiàn xī zhě xún lì yě hè
修⑤也；瑟兮僩兮者，恂慄⑥也；赫

注释：①瑟兮僩兮：瑟指庄严，僩指刚毅。一说僩为宽大貌。兮，叹词"啊"。②赫兮喧
兮：赫、喧皆指显赫、盛大。③谊：忘记。④道学：讲解研讨学习的方法。⑤自
修：自我反省。⑥恂慄：恐惧战栗。

雪渔图　清·丁观鹏

兮喧兮者，威仪①也；有斐君子，终不可諠兮者，道盛德至善，民之不能忘也。

《诗》云："於戏①，前王不忘！"君子贤其贤而亲其亲，小人乐其乐而利其利，此以没世③不忘也。

注释：①威仪：仪表威严。　②於戏：叹词，通"呜呼"。　③没世：终身，至死。

岩崖赏秋图　明·陆　治

格物致知章

此谓知本,此谓知之至也①。

所谓致知在格物者,言欲致吾之知,在即物而穷其理也。盖人心之灵莫不有知,而天下之物莫不有理,惟于理有未穷,故其知有不尽也。是以大学始教,必使学者即凡天下之物,莫不因其已知之理而益穷之,以求致乎其极。至于用力之久,而一旦豁然贯通焉,则众物之表里精粗无不到,而吾心之全体大用无不明矣。此谓物格,此谓知之至也。

注释:①此二句原在《明德章》末尾,朱熹认为有误。**此谓知本:** 程子曰:"衍文也。" **此谓知之至也:**《四书集注》说:"此句之上别有阙文,此特其结语耳。"下段即为朱熹"窃取程子之意"所补的具体内容。

《王维诗意图》之《幽居近物情》 明·项圣谟

五　听讼章
wǔ　　　tīng sòng zhāng

子曰："听讼^①，吾犹人^②也，
zǐ yuē　　　tīng sòng　　　wú yóu rén　yě

必也使无讼乎！"无情者^③不得尽
bì yě shǐ wú sòng hū　　　wú qíng zhě　bù dé jìn

注释：①听讼：断案。②犹人：如同别人。③无情者：没有实情的人。

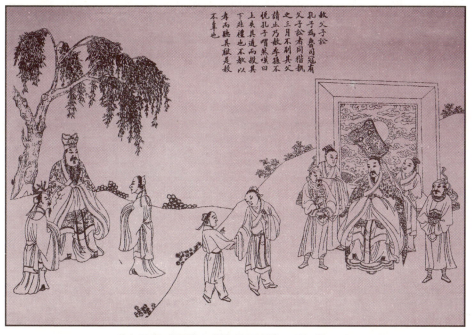

《孔子圣迹图》之《赦父子讼》　明·佚　名

31

qí cí　　dà wèi mín zhì　　cǐ wèi zhī běn
其辞①，大畏民志②：此谓知本③。

注释：①尽其辞：完全表达出来，指尽情地编造谎言。②大畏民志：用大的道理使民心畏服。③知本：认识根本之道。

《人物故事图》之《吹箫引凤》 明·仇 英

六　诚意章

所谓诚其意者，毋①自欺也。如恶恶臭②，如好好色③，此之谓自谦④。故君子必慎其独⑤也。小人闲居⑥为不善，无所不至；见君子而后厌然⑦，掩⑧其不善，而著⑨其善。人之视己，如见其肺肝然⑩，则何益矣？此谓诚于中⑪，

注释：①毋：不要。②恶恶臭：前"恶"指厌恶。"恶臭"指不好的气味。③好好色：前"好"指喜欢。"好色"即漂亮美好的容颜。④谦：通"慊"，满足、满意。⑤慎其独：在独自一个人的时候要谨慎不苟。"独"指独处。⑥闲居：独自待着的时候。⑦厌然：闭藏貌，躲躲闪闪的样子。⑧掩：掩盖。⑨著：显明，标榜。⑩如……然：好像……一样。⑪中：心中。

xíng yú wài　　gù jūn zǐ bì shèn qí dú yě　zēng

形于外。故君子必慎其独也。曾

zǐ　yuē　　　shí mù　suǒ shì　　shí shǒu suǒ zhǐ

子①曰："十目②所视，十手所指，

qí yán hū　　　fù rùn wū　　dé rùn shēn　xīn

其严乎③！"富润屋④，德润身⑤，心

guǎng tǐ pán　　gù jūn zǐ bì chéng qí yì

广体胖⑥，故君子必诚其意。

注释：①曾子：姓曾，名参，字子舆，春秋时鲁国人，孔子的学生。②十目：指很多眼睛。③其严乎：多么严厉可畏的监督啊！④润屋：装饰房屋。⑤润身：增强修养，使思想更高尚。⑥心广体胖：胸襟宽广，体貌安详自然。胖：大而舒坦，不是肥胖，不读 pàng。

曾参啮指心痛　清·王　素

七　正心修身章
qī　　　zhèng xīn xiū shēn zhāng

所谓修身在正其心者，身有
所忿懥①，则不得其正②；有所恐
惧，则不得其正；有所好乐，则不
得其正；有所忧患，则不得其
正。心不在焉③，视而不见④，听而

注释：①忿懥：愤怒。②不得其正：不能端正。③焉：那里。④见：看清。

倪瓒像　明·仇　英

bù wén shí ér bù zhī qí wèi cǐ wèi xiū shēn

不闻[1]，食而不知其味。此谓修身

zài zhèng qí xīn

在正其心。

注释：①闻：听见。

临宋人画　明·仇　英

八　齐家章

所谓齐其家①在修其身②者，人之③其所亲爱而辟④焉，之其所贱恶

> 注释：①齐其家：使其家族齐心。②修其身：提高自身修养。③之：对于。④辟：通"僻"，偏。

临溪水阁图　明·仇　英

ér pì yān zhī qí suǒ wèi jìng ér pì yān zhī qí
而辟焉，之其所畏敬而辟焉，之其

suǒ āi jīn ér pì yān zhī qí suǒ ào duò ér pì
所哀矜①而辟焉，之其所敖②惰而辟

yān gù hào ér zhī qí è wù ér zhī qí měi
焉。故好而知其恶③，恶而知其美

注释：①哀矜：哀怜。②敖：通"傲"，傲慢。③好：喜爱。恶：坏处。

《山水图》之《竹林真趣》 明·项圣谟

者^①，天下鲜矣。故谚^②有之曰："人莫知其子之恶，莫知其苗之硕^③。"此谓身不修不可以齐其家。

注释：①恶：讨厌。②谚：谚语。③硕：壮，大。

山水人物图　明·陆　治

九　治国章
jiǔ　zhì guó zhāng

suǒ wèi zhì guó bì xiān qí qí jiā zhě　qí jiā
所谓治国必先齐其家者，其家
bù kě jiào　ér néng jiào rén zhě　wú zhī　gù jūn
不可教，而能教人者，无之。故君
zǐ bù chū jiā　ér chéng jiào　yú guó
子不出家，而成教①于国。

注释：①成教：成就教化。

《人物故事图》之《闲看儿童捉柳花》　明·仇　英

孝者，所以^①事君也；弟^②者，所以事长也；慈^③者，所以使众也。《康诰》曰："如保赤子^④。"心诚求之，虽不中^⑤不远矣。未有学^⑥养子而后嫁者也。

注释：①所以：用来。②弟：通"悌"，指弟弟尊敬哥哥。③慈：封建道德之一，指父母爱子女，也指君王爱平民。④赤子：初生的婴儿。⑤中：符合。⑥学：学会。

《孔子圣迹图》之《子贡辞行》

一家仁，一国兴仁；一家让①，一国兴让；一人贪戾②，一国作乱。其机③如此。此谓一言偾④事，一人定国。尧舜帅⑤天

注释：①让：谦逊。②戾：横暴。③机：古代弩箭上的发动机关，意为关键。④偾：败坏。⑤帅：通"率"，率领，统帅。

虞舜帝孝德升闻　明·《帝鉴图说》

下 以 仁 ， 而 民 从①之 ； 桀 纣②帅
天 下 以 暴 ， 而 民 从 之 。 其 所 令③
反 其 所 好 ， 而 民 不 从 。 是 故 君 子
有 诸 己④而 后 求 诸 人 ； 无 诸 己 而

注释：①从：跟从，照样办。②桀纣：桀，夏代最后一位君主。纣，商代最后一位君主。历来均被认为是暴君。③令：号令。④有诸己：自己有善的行为。

《临宋人画》之《高士图》　明·仇　英

hòu fēi zhū rén suǒ cáng hū shēn bù shù ér néng
后非诸人。所藏乎身不恕①，而能

yù zhū rén zhě wèi zhī yǒu yě gù zhì guó
喻②诸人者，未之有也。故治国

zài qí qí jiā
在齐其家。

shī yún táo zhī yāo yāo qí yè
《诗》云："桃之夭夭③，其叶

zhēn zhēn zhī zǐ yú guī yí qí jiā rén
蓁蓁④。之子于归⑤，宜⑥其家人。"

yí qí jiā rén ér hòu kě yǐ jiào guó rén
宜其家人，而后可以教国人。

注释：①恕：恕道。儒家认为，自己不喜欢的事物，也不要强加于别人。这样推己及人的品德即恕道。②喻：使明白。③夭夭：鲜嫩、美丽，形容草木茂盛而艳丽。④蓁蓁：树叶茂盛的样子。⑤之子于归：女子出嫁。之，这个。子，女子。于归，出嫁。⑥宜：友爱和睦。

《杂画》之《松下听琴图》 清·华 喦

《诗》云："宜兄宜弟。"宜兄宜弟，而后可以教国人。《诗》云："其仪不忒①，正是四国②。"其为父子兄弟足法③，而后民法之也。此谓治国在齐其家。

注释：①不忒：没有差错，即言行一致。忒，差错。②正是四国：可以领导四方各国。③法：效法。

窦燕山有义方　杨柳青木版年画

shí xié jǔ zhāng
十 絜矩章

所谓平天下在治其国者，上
suǒ wèi píng tiān xià zài zhì qí guó zhě shàng

老老①，而民兴孝；上长长②，
lǎo lǎo ér mín xīng xiào shàng zhǎng zhǎng

而民兴弟③；上恤孤④，而民不
ér mín xīng tì shàng xù gū ér mín bù

注释：①上老老：在上位的人尊敬老人，上指在上位的人。前"老"指尊敬，后"老"指老年人。②上长长：上位的人尊重年长的人。前"长"指尊重，后"长"指年长。③弟：通"悌"。④恤孤：体恤孤儿。恤，体恤，周济。孤，年幼丧父。

林泉高逸图　清·方士庶

bèi
倍①。是以君子有絜矩之道②也。所
wù yú shàng　　　wú yǐ shǐ xià　　　suǒ wù yú
恶于上③，毋以使下④；所恶于
xià　 wú yǐ shì shàng　 suǒ wù yú qián　　 wú yǐ
下，毋以事上；所恶于前⑤，毋以
xiān hòu　　 suǒ wù yú hòu　　 wú yǐ cóng qián
先后；所恶于后，毋以从前⑥；

注释：①倍：通"背"，违背。②絜矩之道：在道德上做出榜样。"絜"即度量，"矩"即制作方形的模具，即榜样。③所恶于上：对上级所做的令人厌恶的事。④使下：对待下级。⑤前：前辈。⑥从前：对待前辈。

《人物故事图》之《竹院品古》　明·仇　英

suǒ wù yú yòu，wú yǐ jiāo yú zuǒ；suǒ wù
所恶于右①，毋以交于左；所恶
yú zuǒ，wú yǐ jiāo yú yòu。cǐ zhī wèi xié
于左②，毋以交于右。此之谓絜
jǔ zhī dào
矩之道。

shī yún lè zhī jūn zǐ mín zhī fù
《诗》云："乐只君子③，民之父
mǔ mín zhī suǒ hào hào zhī mín zhī suǒ wù wù
母。"民之所好好之，民之所恶恶
zhī cǐ zhī wèi mín zhī fù mǔ shī yún
之，此之谓民之父母。《诗》云：

注释：①右：身右的人。②左：身左的人。③乐只君子：使人心悦诚服的君子。"只"为语助词。

金谷园图 清·华 喦

"节彼南山^①，维石岩岩^②。赫赫^③师尹^④，民具^⑤尔瞻^⑥。"有国者不可以不慎，辟^⑦则为天下僇^⑧矣。

《诗》云："殷之未丧师^⑨，克^⑩配上帝^⑪。仪监^⑫于殷，峻命^⑬

注释：①节彼南山：那个高大险峻的南山。"节"指高大、险峻的样子。"彼"指那个。
②岩岩：山石矗立的样子。③赫赫：权势地位显盛的样子。④师尹：周朝天子的执政大臣。⑤具：通"俱"，都。⑥尔瞻：看着你。⑦辟：通"僻"，邪僻，偏差。
⑧僇：通"戮"，杀。⑨师：民众。⑩克：能。⑪配上帝：配得上祭祀上帝，指接受"天命"做天子。⑫仪监：应当借鉴。仪，《诗经》原文作"宜"，应当。"监"通"鉴"。⑬峻命：即天命，"峻"即大。

春夜宴桃李园图 清·黄 慎

49

不易①。"道②得众则得国，失众则失国。是故君子先慎乎德。有德此③有人，有人此有土，有土此有财，有财此有用④。德者，本也；财者，末也。外本内末⑤，争民⑥施夺⑦。

注释：①不易：不容易。②道：言，说。③此：则，就。④用：用度。⑤外本内末：将根本当作外，将枝末当作内，意为喧宾夺主，本末倒置。"本"指德，"末"指财。外，意为轻视。内，意为重视。⑥争民：与民争利。⑦施夺：施行掠夺。

宋儒诗意图　清·华嵒

是故财聚则民散，财散则民聚。是故言悖^①而出者，亦悖而入；货悖而入者，亦悖而出。

《康诰》曰："惟命不于常^②。"道善则得之，不善则失之矣。《楚书》曰："楚国无以为宝，惟善以

注释：①悖：逆，违背道理。②命不于常：天命不专佑一家。常，始终如一。

《人物山水图》之《桥头立桃花》 清·罗 聘

为宝。"舅犯①曰："亡人②无以为宝，仁亲③以为宝。"《秦誓》曰："若有一个④臣，断断⑤兮无他技，其心休休⑥焉，其如有容⑦焉。人之有技，若己有之；人之彦

注释：①舅犯：晋臣，重耳的舅舅狐偃，字子犯，曾随晋公子重耳流亡在外十九年。②亡人：流亡的人，指重耳。③仁亲：亲爱仁人。④个：《书》作"介"。⑤断断：真诚不二的样子。⑥休休：心胸宽广，一心向善的样子。⑦有容：能够容忍人。

春宴图　清·华嵒

圣^①，其心好之；不啻^②若自其口
出，实^③能容之，以能保我子孙黎
民^④，尚亦有利哉！人之有技，媢
疾^⑤以恶之；人之彦圣，而违之
俾^⑥不通；实不能容。以不能保

注释：①彦圣：指德才兼美的人。彦，俊美。圣，聪明。②不啻：不但。③实：实在、确实。④黎民：众民。⑤媢疾：嫉妒。"疾"通"嫉"。⑥俾：使。

梅鹤图　清·华嵒

wǒ zǐ sūn lí mín   yì yuē dài zāi
我子孙黎民，亦日殆^①哉！"

wéi rén rén fàng liú zhī   bǐng zhū sì
唯仁人放流之^②，迸^③诸四

yí   bù yǔ tóng zhōng guó   cǐ wèi wéi rén rén
夷^④，不与同中国^⑤。此谓唯仁人

wéi néng ài rén   néng wù rén   jiàn xián   ér bù
为能爱人，能恶人。见贤^⑥而不

néng jǔ   jǔ ér bù néng xiān   màn yě   jiàn bù
能举^⑦，举而不能先，命^⑧也；见不

注释：①殆：危险。②放流之：流放不能容人的人。③迸：通"屏"，逐退。④四夷：四方之夷，夷是古代东方的部族。⑤中国：全国中心地区。⑥贤：指有才德的人。⑦举：推举，任用。⑧命："慢"之声误，怠慢。

西郊寻梅图　清·禹之鼎

shàn ér bù néng tuì　tuì ér bù néng yuǎn　guò
善而不能退，退而不能远，过①

yě　hào rén zhī suǒ wù　wù rén zhī suǒ hào　shì
也。好人之所恶，恶人之所好，是

wèi fú　rén zhī xìng　zāi　bì dài fú shēn　shì
谓拂②人之性，灾③必逮夫身④。是

gù jūn zǐ yǒu dà dào　bì zhōng xìn yǐ dé zhī
故君子有大道，必忠信以得之，

jiāo tài　yǐ shī zhī
骄泰⑤以失之。

shēng cái yǒu dà dào　shēng zhī zhě zhòng　shí
生财有大道：生之者众，食

zhī zhě guǎ　wéi zhī zhě jí　yòng zhī zhě shū
之者寡，为之者疾⑥，用之者舒⑦，

注释：①过：宽纵。②拂：逆，违背。③灾：灾祸。④逮夫身：延及自身。逮：及、到。
夫：助词，此。⑤骄泰：放纵奢侈。⑥疾：迅速。⑦舒：缓慢。

槐荣堂图　清·吴　历

则财恒足矣。仁者以财发身①，不仁者以身发财。未有上好仁，而下不好义②者也，未有好义其事不终者也，未有府库③财非其财者也。孟献子④曰："畜马乘⑤不察⑥于

注释：①发身：发展自身。②义：指言行要符合道德规范。③府库：古代国家收藏财物文书的地方。府，指机构。库，指建筑物。④孟献子：春秋时鲁国大夫，姓仲孙，名蔑。⑤畜马乘：指由士刚上升为大夫的人。畜：养。乘即四匹马拉的车子。⑥不察：不应关注。

松风楼观图　南宋·佚名

鸡豚①，伐冰之家②不畜牛羊，百乘之家③不畜聚敛之臣④，与其有聚敛之臣，宁有盗臣⑤。"此谓国不以利为利，以义为利也。长⑥国家而务⑦财用者，必自小人矣。彼⑧为善之，

注释：①豚：小猪，这里泛指猪。②伐冰之家：指卿大夫之家，古时丧祭时卿大夫才能用冰保存遗体。③百乘之家：拥有一百辆车乘的人，指有封地的诸侯王。④聚敛之臣：搜刮钱财的家臣。聚，聚集。敛，征收。敛，旧时也读liàn，朱熹《大学章句》："敛，去声。"⑤盗臣：盗窃府库钱财的家臣。⑥长：成为国家之长，即君主。⑦务：追逐。⑧彼：指君王。此"彼"，汉郑玄注《礼记》时解为"君"，学者多从之。宋朱熹难理解此句，疑有阙文误字。宋史绳祖和清俞樾认为此"彼"当指小人。

《人物山水图》之《徐雉磨镜》　清·任　熊

xiǎo rén zhī shǐ wéi guó jiā　zāi hài bìng zhì　suī yǒu
小人之使为国家，灾害并至。虽有
shàn zhě　　yì wú rú zhī hé　yǐ　cǐ wèi guó bù yǐ
善者，亦无如之何①矣！此谓国不以
lì wéi lì　yǐ yì wéi lì yě
利为利，以义为利也。

注释：①无如之何：无法对付。

《人物山水图》之《鲁恭驯雉》　清·任　熊

中 庸

杏花村图

皇受育民图

《中庸》导读

杨 俊

　　朱熹将《中庸》从《礼记》中析出，综合前述各家的观点，并经自己的删改，编为《四书章句集注》的《中庸章句》。全书共三十三章，可分为三大部分。第一部分，第一至十一章，是子思列举的孔子描述中庸的词句，以说明中庸的含义。第二部分，第十二至二十章，是子思论述"道"的重要性的言论。第三部分，第二十一至三十三章，是子思及秦汉时代的儒生，在"天道""人道"的范围内阐释至诚至善的言论。《中庸》是士子实现"正心""诚意"的要诀，亦即士子"修身"的入门。"中庸之道"是"大学之道"的重要组成部分，"中庸"也是学子成为"大人"必应深研的不二法门。

　　正如二程所说："不偏之谓中，不易之谓庸。中者，天下之正道，庸者，天下之定理。""中庸"的"中"，便是控制个人的私欲，以求客观认知、分析事物，并根据时代的进步充实"善"的含义的意思；"庸"，则是孜孜不倦地追求"善"，不轻易放弃的意思。"中庸"，亦即客观待物，不断思考，追求至善。中庸之道的核心词汇，无非"客观""坚持"两个。今人普遍将"中庸"曲解为自己无原则，抱着貌似客观，实则以平衡各方利益，做"老好人"的态度去处理事情的"滑头"伎俩。这完全曲解了先贤的意思。这种"滑头"的"文化"，自然不是先贤创设的中华优秀文化的组成部分，也完全不符合社会主义文明社会的建设目标。因此，我们应重新理解、正确认知中庸之道，吸收古圣先贤的文化养分，以收文化建设之效。

　　中庸之道，客观待物、不断思考、辩证并运动地看待善的观念等理论根源与马克思主义的辩证唯物主义思想相契合；自我批评与自我反省的态度，亦与共产党人优秀的传统一致。本书十二章以后"散为万端"的言论中，亦多次透露出朴素的文明、和谐、自由、平等、公正、敬业、诚信、友善的思想观念，与社会主义核心价值观契合。因此，中庸之道值得当今的人们继续践行。然而，中庸仍有以下几个明显的缺陷。

一、只强调了自我修行，没有强调监督。须知人非圣贤，难以自我监督者大有人在，因此，研习中庸之道只能作为提高个人素质的手段。在国家的层面上，仍需大力发扬社会主义民主政治，利用法制等各种现代手段，与传统文化相结合，才能收双重治理之效。

二、与一切儒家经典一样，《中庸》并没有回答如何变"均穷"为"均富"的问题，也没有现代的爱国主义观念。虽不可苛求古人，但在社会主义现代化建设中，我们自须强调爱国、富强的理想及实现爱国、富强的理论思想，以求建立更强大的国家。

三、虽然中庸之道有"知行合一"的潜在含义，但各位儒家的先圣先贤是否做到了这点，则尚可商榷。孔子的情况已无从考证；孟子则应是基本做到；朱熹着重发展了"知"，"行"做得如何，则可商榷；阳明看似明确标榜"知行合一"，实则过于偏重"行"，标榜继承阳明学问的人，更是不讲认知，不讲理论，专重实践，贻害甚深。如今要借助传统文化，建设现代化的社会主义国家，不解决知行关系的问题是不行的。因此，在新时代合社会主义建设的实践和共产主义及中华传统文化三者的优势，进一步地发展知行关系的理论，是当代有识之士义不容辞的责任。

四、本书中后部分，亦有衍伸中庸的本意，大段地论述"道"的言论。道即伦理。儒家以人为本，将自然界高度拟人化的自然伦理观念，显然不足以揭示大自然的奥秘。因此，儒家的自然伦理，不能作为自然科学研究和认知的方法论，只能用于探讨人与自然的和谐关系。至于如何将现代自然科学与传统自然伦理结合起来，创造新的自然科学话语体系，这将会是一个很重要的工程。

五、本书部分具体叙述，如对君主"亲亲"的要求、对儒家预知未来作用的过分阐释等，有的因世殊时异，已无存在的必要；有的本是儒家文化的旁支末流，在历史上人们便早已不用。此部分内容，只需理解其在历史上的作用，以便进一步理解我国传统文化，没必要用于指导社会主义现代化建设。

一、天命章

此章是子思之言，总述了"道""独""中""和"的意义，并说明了四者的关系。凡上天赋予的万物本性，都是善的。作为万物灵长的人，其责任便是遵循上天赋予自己的善的本性并发展，这便是道。而作为"先行者"的士子，其责任便是不断地鞭策自己和身边的人一心向善，所行皆善，这便是修道，便是教。修道之本在于慎独，也就是不论有没有人看到，都不能纵容自己的恶行，要一心从善。

"善"究竟指的是什么？善行的内容，诸如对父母孝顺、对子女慈爱、对朋友真诚、对异性尊重、对家庭负责、对中华文化及民生尽忠等，很多文献皆有描述。然而，"善"的定义究竟是什么，则无法在古文献中确切获知。这便是由于先圣先贤并未一成不变地划定"善"的定义。先圣先贤的"善"是一个运动、发展的观念，并非静止的，一成不变的。

"善"一词虽不可能严格定义，但习善之道却有轨则可循。正如本章所说，"中"，即客观公正的态度，这是善的根本。虽然"善"的含义会随着时代的发展而变化，但"善"的门径，即对待一切事物的客观公正的态度，即"中"，则是可以永久把握，亘古不变的。然而，凡人皆有好恶，皆有喜怒哀乐，一旦人被情感操控，便不可能客观公正地看待、分析事物，更不可能在客观公正的基础上去知善行善了。古代先贤亦深知人非草木，孰能无情。人只需直面自己的情感，不需刻意遏制它们，但要时刻谨记不能让任何情感泛滥，操纵自己。这种情感已发但人未被操控的状态，就叫作"和"。通过达到"和"，进而无限地接近"中"，这便是修道、率性，即正心修身的主要途径。

这种通过"求和"进而"求中"，继而持之以恒地"慎独"，一生贯行对"善"的思考与理解的求知及为人的态度，便是中庸。这种客观公正地看待、分析事物的修身之道，值得今日的我们继续效法。然而，正如先圣先贤并未一成不变地划定善恶，今天我们仍需持之以恒地在社会主义实践的过程中，发展善恶的观念，并依据新的形势祛恶扬善。另外，单凭个人修身之法，难以全面管理较古代情况更为复杂的现代中国，还需倚赖法制这一现代化的有效途径，将法制和传统文化相结合，才能更好地收双重治理之效。

二、时中章，鲜能章，行明章，不行章

该四章是孔子之言，统一说明了中庸是一件极为困难的事情。"时中章"说明了君子和小人践行中庸的区别。君子，即理性客观并具备思辨能力、以民心为己心，以中华的民生和文脉为己任的人。小人，即无社会责任感，一心钻营为己的人。君子能够时刻地保持中和的状态，也就达到了中庸。小人之所以成为小人，毫无社会责任感，是因其过于注重自己的情感，并为之所操控。

"行明章"说明了中庸之道难践行的缘故。智者重知不重行，贤者重行不重知，导致其道知行分离。其余愚者、不肖者则不明，亦不行其道。

"鲜能章""不行章"是孔子直接慨叹少有人能达到中庸的状态的言论。总而言之，中庸之道便是要求克制人欲，以求时刻接近或是达到对一切事物持客观公正态度的正心修身之则，无论今日还是古代，能修炼至这种心态的人，都是极少的。这种心理状态，对每一个人和整个社会，均百利而无一害，实施起来，可能性也较大，关键在于人们是否愿意在现代化的社会主义社会，践行修身，将中庸之道付诸实践。

三、大知章，予知章，服膺章，可均章

该四章亦是孔子之言，举例说明了中庸的典范，并说明了中庸是一种很高的精神境界，只有一辈子虚心地学习，才能践行此道。

"大知章"说的是舜的事迹。作为圣君，舜能够虚心地听取一切的意见用以严格地自省律己，以人情的标准，循循善诱地引导百姓弃恶扬善，却从不过分苛求他人。圣君本应为万民表率，不能努力达到这种状态的君主，是应该被人民抛弃的。儒家对君主的要求之高，限制之严，由此可略见一斑。

"予知章"说的是大多数人要么就是自以为明白了从善之道，实则骄傲自满，做不到客观虚心，无异于自寻死路；要么就是能够明白从善之道，知道要用客观虚心的态度要求自己，但无法践行。此章再次说明了中庸之道，境界很高，要时刻以高标准要求自己，时刻自省修身。

"服膺章"说的是孔子最钟爱的弟子颜渊学习中庸之道的例子。颜渊善以客观的态度审视一切事物，改良自身，严格践行善行。此章说明了中庸之道是可以通过学习获得的，并非只有天才般的圣君才能获知并践行。

"可均章"明确说明了中庸是很高的精神境界。治理好国家靠的是智慧，这并不难。做了大事不要爵禄，这是仁的行为，亦不难。为民生和文脉舍生取义，杀身成仁，这是勇的行为，亦不难。难的是一生以客观冷静的态度审视一切事物，改良自身，这便是中庸。

四、问强章

此章是孔子教育子路何为"强"的言论。子路，名仲由，又字季路，好勇，因而问强。孔子认为，强的定义应该是：无论什么时候都不会让某种情绪操控自己，并长久地以客观公正的态度去分析处理事物。不因强权或众言随意改变自己的态度和观点，这便是智；王朝能够维持文脉及民生的时候，努力做事，不求己利，不能够维持文脉及民生的时候，不因强权而改变自己的主张，这便是仁；能做到前述智、仁的行为，便能同时达到强的境界了。这种对"强"的理解，符合社会主义的价值观和大政方针，值得今天的我们继续发扬。

五、素隐章

此章中子思以孔子之言，鼓励读者立志贯行中庸之道，总结前十章之义。中庸之道，实乃至善心法，只有一生坚持以客观的态度审视事物，并坚持不断地自我审视与自我批评，才能实现。故意深求偏僻之理，故作聪明，行为怪诞，则容易出名，也有可能为后世所记述。很多人在追求至善之道时半途而废，而孔子则不管当世出名与否，后人记述与否，都坚决地践行此道，却反而能成为万世师表，无冕之王。当世故作聪明，甚至身居高位者无人能及。因此，此章貌似仅述孔子不得志仍坚守至善之道之志，实则借圣人之志之名勉励学子，修行中庸的至善之道。

六、费隐章

此章再一次强调了"道"的含义，以明道不可离之义。儒家的"道"，实际上就是人伦的准则，始于众男女结合，建立家庭，从而构建社会。在一定程度上，道学主要便是伦理学。在人类社会中，人在其各种社会角色中应负有的责任，《大学》已论述得非常清楚，在此不述。总的来说，儒家宣扬的社会伦理至今仍是值得借鉴的。儒家的自然观念，如天人感应，万物有灵等，也是高度拟人化的。天人感应即人在做，天在看的意思，主要是为了限制和规范当政者的行为，让当政者能自律自省，一心从善。万物有灵规范了人使用万物的准则，劝人用物向善，禁止人用物作恶便是该观念的目的。因此，儒家的自然观念，主要是为了监管人的行为而诞生的，不可简单地以迷信视之。然而，儒家以人伦来研究自然之理的方法，显然不能有效地发现自然科学的奥妙。自然科学的方法才是研究物质世界最基本、最重要的方法论。儒家的自然观念，只能用于指导、规范人类利用已发现、发明之物来造福众人。自然科学的方法是基础，传统自然伦理是方向，两者相结合，可能可以创造出未来的，很可能还将是优于西方的自然科学理论。

七、不远章，素位章，行远章

这三章详细解释了"道不远人"的含义。"不远章"大体上点出了"道不远人"的意思。"道不远人"的核心内容便是一句话，即张载所说的"以爱己之心爱人则尽仁，以责人之心责己则尽道"。凡人皆爱己而好责人，今日大多数人做人便也就是这种态度。这么做人，必然滋生自恋自大的人格，小则易出现将自己，甚至是自己的利益作为最高准绳，自以为是地评判、处理一切事物的情况。大则易滋生个人主义，将集体主义的优良传统抹杀掉。同时，自恋并苛求他人的人格也是专制主义产生的深层次的社会心理原因。因此，"道不远人，远人非道"这句话貌似很容易理解，实则不然。要做到"以爱己之心爱人，以责人之心责己"，更是难上加难。这种极难养成的人格，正是今天社会主义建设所需要的完美人格。因此，该章所述的精义，值得深入研究。

"素位章"说明了君子对工作和事业，应具备的心态是不怨天尤人，安于其位，在正义正直的范畴内，自强不息地奋斗，不欺凌比自己地位低的人，也不谄媚比自己地位高的人。这种心态符合社会主义核心价值观中平等、诚信、友善的要求，敬业的职业素质规范。今天我国人民工资待遇的差别，尤其是知识分子和非知识分子的收入差别，已得到较好的改善。因此，在社会主义新时代，全国人民更应贯行这种不怨天尤人、安于其位、自强不息、乐观向上的心态，才能更好地面对职场和人生，以求更好地为社会主义建设贡献力量。

"行远章"说明了行道之人在生活，尤其是家庭生活中应达到的状态。

个人在让家庭变得和谐的过程中，能领悟如何践行和谐的为人之道。对行道之人来说，这正是行道之始。家庭是每个家庭成员的心灵港湾，人不论一生成就功名如何，终要回归家庭，才算完满。对行道之人来说，这又正是行道之末。这种重和谐、重家庭的观念，便是人本主义在我国文化中最广泛、最深层的体现。同时，人在家庭生活中体会到的小小的"亲亲"观念，也便是"不独亲其亲"大业的开始。这种一切从实际出发，不好高骛远的心态，也透露出中华民族实用主义的民族性格，亦值得今天的我们继续发扬。

总的来说，这三章从总义、工作和生活三方面规范了行道之人应具备的心态，看似和中庸无关，实则中庸之道贯穿其中。射箭是否射中容易判断，但做人是否达到了"中"的状态，对待活生生的人时，"客观"究竟怎么界定，都不容易判断。"以爱己之心爱人，以责人之心责己"，不失为在社会关系中，保持客观心态的良好办法。只要心里谨记这一点，在生活和工作中践行，人离"中"的状态便不远了，也便就践行了中庸之道。这种心态固然符合社会主义国家公民素质建设的需要，也值得继续发扬。

八、鬼神章，大孝章，无忧章，达孝章

这四章说明了儒家伦常的来历，并较为详细地举例说明了伦常的内容。"鬼神章"说明了鬼神祭祀的来历。所谓"国之大事，在祀与戎"。先秦时代，对鬼神的祭祀确实非常盛行。按照该章子思所引孔子的解释，这种祭祀，实际上就是人类对抽象化的自然事物的崇拜。《论语·雍也》载孔子曾说"敬鬼神而远之"，《论语·述而》亦载孔子"不语怪、力、乱、神"，《论语·先进》亦载孔子曾说"未能事人，焉能事鬼"。诸如此类，可见孔子虽无现代自然科学指导，无法证明鬼神存在与否，但他仍认为人们应简单地将鬼神理解为人类对自然事物的崇拜，并不主张迷信超自然力量，似有专凭人力造福人类之意。而后世民间，信鬼神之人则普遍变成对超自然力量的迷信，不信鬼神之人又肆无忌惮什么都敢做。可知儒家对鬼神的理解，实未改变民间的迷信。我国民间的迷信纵然存在，亦与儒家无关。该章说明鬼神祭祀的来历，只是为了比附人类之伦，来自于自然，并无迷信的含义。然而，正如前章所说，儒家这种人伦来自于自然的观念，只可视为一种比附，是儒者说明其学说来源深远的托词。在儒学的发展过程中，更多且更成体系的是将万物拟人化的理论。

"大孝章"以舜的例子证明有学识和德行，并一以贯之不改其心的人，一定会得位、受禄、成名、长寿，用以鼓励问道之人。"无忧章"说明了周礼来源于对祖先的祭祀。这种祭祀，以尊贤、怀祖为基本出发点，实际上就是中华民族尊重知识文化、尊德问性、重视家庭等优良传统的来源。"达孝章"进一步叙述了人们在祭祀死人的过程中，定下了活人的礼制。如果人人能贯彻对礼的理解与思考，天下就得治了。对祖先的祭祀，并不是天子或是贵族的特权，庶民一样有这种权利。如今在金文、甚至是甲骨文中确实能找到许多"国人"和贵族一同参加祭祀的记载，可见孔子之言，并非不确。活人的礼制实以平等为基本出发点，这造就了其后两千多年建立在对全体老百姓客观公正的选拔制度上的齐民社会。这种公正、平等，同时带有一定的朴素民主主义的思想，是从核心时代起，中华民族相对于其他民族最重要的优胜之处，值得我们整个民族永远铭记和发扬。

九、问政章

此章借孔子对"政"的描述，来对十一至十九章的内容做总结。其中，最后的博学、审问一段疑是子思的话语，用以精炼问道之人所应具备的求学态度，提出希冀。

第一节是鲁哀公问政时，孔子对答的内容。孔子说，为政主要便是得人之学。得人关键在于亲亲和尊贤。亲亲，是为了让人在亲近亲人的过程中，感悟并学习人与人相处所需要的爱和技巧，最终将这种爱扩散到整个社会，将这种技巧运用于一生为人处世当中，实现不独亲其亲，整个社会就会友爱、和睦。尊贤，便是让有才能的人上位的意思。公平地选拔民间有才能的人入仕，让贤人成为万民先锋，带领百姓治理国家。这种思想在孔子的时代便已有表述。后世至今两千余年，尤其是唐宋科举制度已成入仕主流方式之后，公平的选拔制度大体上是建立了，并逐渐完善起来了。在尊贤、选贤，以来自民间的贤人治理国家，不以贵族、神甫等人垄断国家权力这个方面，中华民族远比其他所有民族优胜。这点应是民族自信力的坚实可靠的来源，值得今天的人们深刻反思。至于知人必先知天这一点，之前的章节已作辨析，在此不述。

第二节论述了"五达道""三达德"的含义。"五达道"，即畅行五伦。五伦即君臣、父子、夫妻、兄弟、朋友。君臣有义、父子有亲、男女有别、长幼有序、朋友有信，便是儒家对这五伦的要求。君臣有义，要求君主履行好圣君的责任，维护民生与文脉，实现整个社会选贤与能、讲信修睦。这个时候臣子便须辅佐君主治理好国家。如果君主不屑于履行自己作为圣君的责任，也不听臣子的劝谏，则臣子有义务和权利废黜他，另立贤君。父子有亲，是让每个人在孝顺父母，亲善子女的过程中，体会伦理和爱的含义，将爱推及他人，最终实现不独亲其亲。男女有别，就是男女除了自己的配偶之外，不得和别的异性有亲密，或者暧昧的关系。长幼有序，可以用于规范"老爱幼、幼敬老"的行为。朋友有信，要求人们在社会交往的过程中，以真诚善良的态度对待周围的人和事。以上便是五伦的基本含义。由此可知，儒家的五伦大体上较生动地充实了社会主义核心价值观中文明、和谐、自由、平等、公正、诚信、友善等方面的内涵，值得继续发扬。然而，在今日的民主社会中，君臣一伦，"君"的含义应虚化，可泛指各种人民的代表。人民的代表除须用于承担以上责任外，还须有对共产主义事业坚定的信仰和更强的责任意识。

"三达德"，指智、仁、勇三事。该三事，首先要做到好学，以日渐破除愚昧；力行，以忘私而一心为公；知耻，以克服懦弱屈服的性格，养成勇敢的秉性。在实践过程中，如何实现"三达德"，可参见"问强章"的表述。

第三节论述了"九经"的含义。此"九经"，全面地描述了圣君应具备的行为规范。其中，"修身、尊贤、亲亲"说的是圣君修身之法；"敬大臣、体群臣"说的是圣君面对在朝官员及在野士子应具备的品行；"子庶民、来百工"说的是圣君对在野百姓应有的工作；"柔远人、怀诸侯"说的是圣君对诸夏及蛮夷各国应具备的态度。作为圣君，要时刻谨记自己是万民典范，在公众面前，要时刻表明自己维护华夏文脉的立场，这便是维持礼制，是圣君修身的要则。在用人方面，注重选拔有能力有道德的人为官，这便是"尊贤"。先秦时代，我国存在着一定数量的世袭贵族。这些世袭贵族大多有血亲或是姻亲关系。对待这种世袭贵族，圣君应持尊重、亲善的态度，保持贵族之间的和睦状态，而不能倚赖贵族继续治理国家。不同于其他人的"亲亲"，这种"亲亲"是专门针对圣君而规定的，为的是防止皇权倚赖其亲族而扩展，形成君主专制。圣君不应依赖贵族治理国家，而应给由尊贤之念选拔出来的官员以大权，这便是"敬大臣"。维持公平的官员晋升体制，待遇上不亏待官员，这便可让以天下为己任的读书人无后顾之忧，踊跃参加选拔，全力为民服务，这便是"体群臣"。圣君须像体恤儿女一般体恤百姓，平时轻徭薄赋减轻其负担，在必要时给予帮助。对待百工（先秦时代百工属官），应经常考核其技能，给其发足粮饷。以上便是"子庶民、来百工"。对待向化的诸夏国家，应以公正的态度阻止不必要的杀伐，维护国际的公平正义，同时不干涉其国内政，不掠夺其资源，协助其自立。对待未向化的蛮夷诸国，应求同存异，以求正常交往，互通有无。

由此可知，儒家对君主的要求是极为严格的，儒家并不是君主专制的衍生物或支持者。观诸史实，在实行中央集权君主制的两千多年里，儒家对圣君以上的要求和规范，较好地起到了限制君权、维持民生、保护文脉、实现社会正义与阶层流动、维持汉文化圈秩序等方面的作用。在近代以前，也较好地指导了我国与远方诸国进行交往。除对君主特殊的"亲亲"要求，已随着皇室的消亡而彻底地失去其根基，其余诸种要求，仍能给今日各种人民的代表以启示，思考如何在践行尊重知识、顺应民意、平等、公正等原则的基础上，结合爱国、法制、民主的现代手段，建立一个更为富强、文明、和谐的现代化国家。

第四节集中论述了"诚意正心"是一切人伦的基础。而诚意正心的基础在"中庸"一词。除"客观""坚持"以待物之外，还应深研"以爱己之心爱人，以责人之心责己"的含义并践行之。

最后一段提出了不断广博地学习、全面地不耻下问、严谨并辩证地思考、踏实行动等要求。这也是破除愚昧、克制私欲、改变懦弱性格的要门，亦即修身的要道。

十、诚明章，尽性章，致曲章，前知章，自成章

这五章主要从人的角度，说明了至诚之道的内容和作用。至诚，与至善同义，其核心亦在客观待物。

"诚明章"描述了人达到诚的状态的两种情况。其一，天资较高的人天生就明白至诚之道，这种人只要不去遏制他的本性，不要让他在极端恶劣的条件下成长起来，便可自然达到至善。其二，天资不那么高的人，天生不明白至诚之理，则需要通过各种教育手段，让他领悟至诚，从而在学习的过程中达到至善。

"尽性章"说明了至诚至善的作用。熊十力曾说："尽己性以尽物性，此圣门血脉。"每个人都尽了自己向善、客观的本性，充分学习、理解儒家的人伦与自然之理，人类社会便可在充分利用自然，保护自然的同时，和谐发展。

"致曲章"要求问道之人要从小事做起，不要好高骛远，即"勿以善小而不为，勿以恶小而为之"。只有脚踏实地地从小事做起，践行对善的理解与认知，不空谈理论，才能以身作则地感悟他人，化恶为善。

"前知章"说明至诚之道修成时，可预知未来。以客观心态学习之前人类一切的知识，经过自己的分析、总结能得到智慧，用以总结兴亡的经验和教训，自然可以在审视过往的过程中，对现世的建设有所指导，确能影响未来。然而，该章说的预知未来，则未免流于荒谬。儒家征象之理，大致可以理解为对人的监督和规范，现世的作用仍大于将来。如此，该章可能是汉代的学者为便于宣传起见，结合当时盛行的谶纬之学，刻意夸大和神化儒学的功用而产生，不可视为儒学正统。该章所说的道理，并不能用于指导任何时代的社会建设。

"自成章"强调了至诚是有实际功效的。心中追求至善，则心中有善之体，则成仁。将心中习得的至善之道施行起来，便可影响社会和自然，行中自有至善之用，则成知。修身、践行二者互为体用，至善的观念便可自我完善、日渐发展。该章亦再一次强调了善、诚的观念是随着事物的发展而发展的，并非一成不变的。

总的来说，这部分内容体现了中华民族一切从实际出发的实践观、一切向善的人生观、人的观念要随事物的发展而发展的世界观。这些观念与社会主义的实践观、人生观、世界观并无冲突，甚至更为生动详尽，值得继续发扬。

十一、无息章

此章主要从自然，或者说天的角度，说明至诚之道的作用。纵观全章，尽是描绘自然界博大精深的言论。天地不止息，人类不灭绝，思考何为至善并追求至善的行为便永无止境。此章的作用，在于借助天道之说，承上五章之意，而启下六章之续。

十二、大哉章，自用章，三重章，祖述章，至圣章，经纶章

这六章杂合实例和理论，继续讨论至诚之道的内容和作用。

"大哉章"描述了修成至诚至善之道的圣人的情状。圣人应该具备以下品行：以德性为体，立志高远，践行学习，学而不倦，能一生持续不断地学习和自省，不断地发现真理；学问体系富有广度和深度；见解高明、独特，但一切以客观、实际为出发点，对待事物不掺杂一点私欲；个性善良率真，崇尚文明；对待身边的人和事，一律平等；遇上有道的时代，能积极地出世，承担士人的责任，维持并发展中华的民生与文脉，让百姓安居乐业，平等、和谐地在良性的竞争中共同发展。遇上无道的时代，上不了位，但能安于沉默，践行修身自学自省，不为人知亦不改其志其行。

"自用章"夹叙夹议地论述了礼的来源与制定的准则。由于儒家诞生于东周时代，儒家的礼，一方面，来源于周。另一方面，由于秦汉时代我国已实现齐民共治，有效地、持续不断地选拔出一批才德兼备的人负担治理社会、为民表率的责任，儒家的礼，亦在秦汉开始的齐民社会里得到改善。因此，从产生的根源来看，儒家的礼必然是以人为本，以维持公平、公正、自由、和谐的社会秩序为最重要的目的。

"三重章"描述了万世皆用的政治文化体制。三重，即议礼、制度、考文。综合说来，就是政治文化体制。孔子之前的圣人，其学问及善行大多不可考，因此为没有生命的学问。孔子及其时代的圣人，其学问和善行，在汉代都可知。虽然由于孔子本人并无尊位，在当时的时代亦不能大行其道，然而孔子的学问却流传了下来，从汉代开始便成为传统中国最主流的学问。上至皇帝、下至百姓，皆以儒学为本。由此可知，优秀的政治文化体制应以倡行者的修身为根本，在启迪百姓智慧的同时能够概括、综合、继承前人的文化遗产，经得住时间的考验。该章末尾也明确提出了倡行这个体制的人，应做到一言一行都可为天下人模范这一点。可见儒家对政治文化体制的看重，以及对圣人的要求之高。

"祖述章"打了许多比方，用了许多溢美之词，说明了孔子学问的伟大精髓，人格的至高无上。此章为下章铺垫，以孔子学问人格为例，继而论述圣人应具备的学问人格。

"至圣章"以孔子为模板，刻画了圣人应具备的学问人格：分析问题深远而明智；看待人事宽广豁达、包容宽容；处理人事问题时持身公正、令人敬佩；做事奋发刚强，有韧劲也有决断力。

这样的人必能得到人民的尊重、信服和衷心的亲善、拥戴。假以时日，便渐能声名遍布人迹所至之处。

"经纶章"总结了孔子成为万世师表的原因：贯彻了至诚至善之心，即一辈子坚持不懈地从客观的角度出发去思考和分析问题。此章以总结之言，鼓励问道之人立志。

十三、尚绚章

此章是总结全书之语。第一段说的是君子之道，难懂却可传世；小人之道，易明但经不住时间的考验。第二段指出践行修身，善于自省，并非今朝明道，明日便弃学，这才是君子在践行至诚至善之道中应有的态度。第三、四、五段描述了修成至诚至善之道的贤者，能使百姓及君主都自然而然地向他学习。第六段指出问道之人应以自己为榜样，躬亲力行地教化民众，而不应疾言厉色地教育民众。最后一段指出，人"修炼"到不用多想，所作所为皆至诚至善的时候，就是贯行儒家之道的最高境界了。此章既是对读书人的寄语，又是勉励之言。其中透露出来的对真理的不懈追求、善于自省修身等做人法则，实亦是今日社会主义建设所需要的为人处世的规则，亦值得继续发扬。

江楼访友图 清·吴 宏

中庸章句序

中庸何为而作也？子思子忧道学之失其传而作也。盖自上古圣神继天立极，而道统之传有自来矣。其见于经，则"允执厥中"者，尧之所以授舜也；"人心惟危，道心惟微，惟精惟一，允执厥中"者，舜之所以授禹也。尧之一言，至矣，尽矣！而舜复益之以三言者，则所以明夫尧之一言，必如是而后可庶几也。

盖尝论之：心之虚灵知觉，一而已矣，而以为有人心、道心之异者，则以其或生于形气之私，或原于性命之正，而所以为知觉者不同，是以或危殆而不安，或微妙而难见耳。然人莫不有是形，故虽上智不能无人心，亦莫不有是性，故虽下愚不能无道心。二者杂于方寸之间，而不知所以知之，则危者愈危，微者愈微，而天理之公卒无以胜夫人欲之私矣。精则察夫二者之间而不杂也，一则守其本心之正而不离也。从事于斯，无少间断，必使道心常为一身之主，而人心每听焉。则危者安，微者著，而动静云为自无过不及之差矣。

夫尧、舜、禹，天下之大圣也。以天下相传，天下之大事也。以天下之大圣，行天下之大事，而其授受之际，丁宁告戒，不过如此。则天下之理，岂有以加于此哉？自是以来，圣圣相承：若成汤、文、武之为君，皋陶、伊、傅、周、召之为臣，既皆以此而接夫道统之传，若吾夫子，则虽不得其位，而所以继往圣、开来学，其功反有贤于尧、舜者。然当是时，见而知之者，惟颜氏、曾氏之传得其宗。及曾氏之再传，而复得夫子之孙子思，则去圣远而异端起矣。子思惧夫愈久而愈失其真也，于是推本尧、舜以来相传之意，质以平日所闻父师之言，更互演绎，作为此书，以诏后之学者。盖其忧之也深，故其言之也切；其虑之也远，故其说之也详。其曰"天命率性",则道心之谓也;其曰"择善固执",则精一之谓也;其曰"君子时中",则执中之谓也。世之相后千有余年,而其言之不异,如合符节。历选前圣之书,所以提挈纲维、开示蕴奥,未有若是之明且尽者也。自是而又再传以得孟氏,为能推明是书,以承先圣之统,及其没而遂失其传焉。则吾道之所寄不越乎言语文字之间,而异端之说日新月盛,以至于老佛之徒出,则弥近理而大乱真矣。然而尚幸此书之不泯,故程夫子兄弟者出,得有所考,以续夫千载不传之绪;得有所据,以斥夫二家似是之非。盖子思之功于是为大,而微程夫子,则亦莫能因其语而得其心也。惜乎!其所以为说者不传,而凡石氏之所辑,仅出于其门人之所记,是以大义虽明,而微言未析。至其门人所自为说,则虽颇详尽而多所发明,然倍其师说而淫于老佛者,亦有之矣。

　　熹自蚤岁即尝受读而窃疑之,沉潜反复,盖亦有年,一旦恍然似有以得其要领者,然后乃敢会众说而折其中。既为定著《章句》一篇,以俟后之君子。而一二同志复取石氏书,删其繁乱,名以《辑略》,且记所尝论辩取舍之意,别为《或问》,以附其后。然后此书之旨,支分节解、脉络贯通、详略相因、巨细毕举,而凡诸说之同异得失,亦得以曲畅旁通,而各极其趣。虽于道统之传,不敢妄议,然初学之士,或有取焉,则亦庶乎行远升高之一助云尔。

淳熙己酉春三月戊申,新安朱熹序

yī tiān mìng zhāng

一　天命章

tiān mìng zhī wèi xìng shuài xìng zhī wèi

天命①之谓性②，率③性之谓

dào xiū dào zhī wèi jiào dào yě zhě bù kě

道④，修道之谓教。道也者，不可

注释：①天命：上天赋予的。②性：人的本性。③率：遵循。④道：原义为道路，引申为道理。

《临宋人画》之《上学》　明·仇　英

xū yú lí yě kě lí fēi dào yě shì gù
须臾离①也；可离，非道也。是故

jūn zǐ jiè shèn hū qí suǒ bù dǔ kǒng jù
君子戒慎②乎其所不睹③，恐惧

hū qí suǒ bù wén mò xiàn hū yǐn mò xiǎn hū
乎其所不闻。莫见乎隐，莫显乎

wēi gù jūn zǐ shèn qí dú yě
微④。故君子慎其独⑤也。

xǐ nù āi lè zhī wèi fā wèi zhī zhōng
喜怒哀乐之未发⑥，谓之中⑦；

fā ér jiē zhòng jié wèi zhī hé zhōng yě
发而皆中节⑧，谓之和⑨。中也

注释：①须臾：片刻，一会儿。离：旧时也读lì。朱熹《中庸章句》："离，去声。"后同。②戒慎：谨慎守戒。③其所不睹：君子不被看见时。④莫见乎隐，莫显乎微：不要在隐蔽处显现出来，不要在细微处显现出来。"见"，通"现"。⑤慎其独：独处时也谨慎。⑥发：表现出来，流露出来。⑦中：无过无不及，不偏不倚，一切都按照"礼"的规定行事。⑧中节：符合节度。⑨和：调和。

《古贤诗意图》之《右军笼鹅》 明·杜 堇

者，天下之大本也；和也者，天下之达道①也。致②中和，天地位焉③，万物育焉。

注释：①达道：通行的道理。②致：达到。③位：摆正位置。

人物山水画　明·尤　求

二 时中章
èr shí zhōng zhāng

zhòng ní yuē　　jūn zǐ zhōng yōng　xiǎo
仲尼曰："君子中庸①，小

rén fǎn zhōng yōng　jūn zǐ zhī zhōng yōng yě　jūn
人②反中庸。君子之中庸也，君

zǐ ér shí zhōng　xiǎo rén zhī fǎn zhōng yōng
子而时中③；小人之反④中庸

yě　xiǎo rén ér wú jì dàn yě
也，小人而无忌惮⑤也。"

注释：①**中庸**：以适中、不偏不倚为常道。庸是常。②**小人**：指没知识、不懂礼仪的人。③**时中**：即经常保持中和状态，无过无不及。④**反**：原文无此字。陆德明的《经典释文》，王肃的《礼记》注本有"反"字。古今学者多从之。⑤**无忌惮**：没有什么顾忌和畏惧的。忌即顾忌，惮即畏惧。

踏雪行吟图 明·周臣

三　鲜能章

sān　　xiǎn néng zhāng

zǐ yuē　　zhōng yōng qí zhì yǐ hū
子曰："中庸其至^①矣乎！

mín xiǎn néng jiǔ yǐ
民鲜^②能久矣。"

注释：①至：最高、至高无上。②鲜：少见，少有。

题竹图　明·杜堇

四　行明章

sì　　xíng míng zhāng

子曰："道之不行也，我知之
矣：知者①过之②，愚者不及③也。
道之不明也，我知之矣：贤者④
过之，不肖者⑤不及也。人莫不
饮食也，鲜能知味也。"

注释：①知者：聪明人。"知"，通"智"。②过之：超越它。③不及：达不到。④贤者：有才能的、有道德的人。⑤不肖者：不贤的人，没有道德的人。

《孔子圣迹图》之《在陈绝粮》　明·佚　名

五　不行章
wǔ　　　bù xíng zhāng

子曰：“道其^①不行^②矣夫。”
zǐ yuē　　dào qí　bù xíng　yǐ fú

注释：①其：大概。②不行：不实行。

《孔子圣迹图》之《退修诗书》　明·佚　名

liù　　dà zhì zhāng

六　大知章

zǐ yuē　　　　shùn qí dà zhì　yě yú shùn
子曰："舜①其大知②也与！舜

hào wèn ér hào chá ěr yán　yǐn è ér yáng
好问而好察迩言③，隐恶而扬

shàn zhí qí liǎng duān　yòng qí zhōng yú mín
善，执④其两端⑤，用其中于民。

qí sī yǐ wéi shùn hū
其斯⑥以为舜乎！"

注释：①舜：是古代圣君明主之一。②大知：极其富有智慧的聪明人。③迩言：平凡的言论，通俗易懂。④执：把握、把持。⑤两端：两头。矛盾的两个方面。⑥斯：此，这个。

玩古图　明·杜　堇

七　予知章
qī　　　　　yú zhì zhāng

子曰："人皆曰'予知'①，驱
而纳诸②罟③擭④陷阱⑤之中，而
莫之知辟⑥也。人皆曰'予
知'，择乎中庸，而不能期月⑦
守也。"

注释：①知：通"智"，聪明，有智慧。②诸："之于"两字的合音。③罟：捕鸟兽鱼的网。④擭：猎人用来捕获野兽的木笼子。⑤陷阱：猎人挖来捕获野兽的深坑。⑥莫之知辟：不知躲避。"辟"，通"避"。⑦期月：即一个月，此处比喻时间不长。

颜光敏藤荫读书图（局部）　清·茅　磨

八 服膺章
bā fú yīng zhāng

子曰："回之为人也①，择乎
zǐ yuē　　huí zhī wéi rén yě　　zé hū

中庸，得一善，则拳拳②服膺③
zhōng yōng　dé yī shàn　zé quán quán　fú yīng

而弗④失之矣。"
ér fú　shī zhī yǐ

注释：①回：颜回，字子渊，孔子的得意门生。②拳拳：牢握不舍。③服膺：紧贴胸前，表示牢记在心。膺，胸怀。④弗：不。

《孔子圣迹图》之《先圣小像》 明·佚 名

九　可均章
jiǔ　　　kě jūn zhāng

子曰："天下国家可均①也，
zǐ yuē　　　tiān xià guó jiā kě jūn yě

爵禄②可辞③也，白刃④可蹈⑤也，
jué lù kě cí yě bái rèn kě dǎo yě

中庸不可能也。"
zhōng yōng bù kě néng yě

注释：①均：平定、治理。②爵禄：官爵和俸禄。③辞：推却、辞让。④白刃：锋利尖锐的刀刃。⑤蹈：踏上，踩上。

虎丘送客图 明·沈周

十　问强章
shí　　　wèn qiáng zhāng

子路^①问强^②。子曰："南方之强与？北方之强与？抑^③而^④强与？宽柔以教，不报^⑤无道^⑥，南方之强也，君子居之。

注释：①子路：孔子的学生。②问强：请教刚强之道。③抑：或者，还是。④而：汝，你，的。⑤报：报复。⑥无道：指违反治国与做人原则的言行。

金山寺　清·高岑

衽^①金革^②，死而不厌^③，北方之强也，而强者居之。故君子和而不流^④，强哉矫^⑤！中立而不倚，强哉矫！国有道，不变塞^⑥焉，强哉矫！国无道，至死不变^⑦，强哉矫！"

注释：①衽：古代人睡觉时铺的席子。②金革：指作战用的兵器和铠甲。"衽金革"即随时准备打仗。③不厌：不后悔。④和而不流：待人温和而不随大流。⑤矫：强壮的样子。⑥塞：穷困。⑦不变：不改变（主张、操守）。

《人物故事图》之《子路问津》　明·仇　英

shí yī 十一　suǒ yǐn zhāng 素隐章

子曰："素隐①行怪②，后世有述③焉，吾弗为之矣。君子遵道而行，半涂④而废，吾弗能已⑤矣。君子依乎中庸，遁世⑥不见知⑦而不悔，唯圣者能之。"

注释：①素隐：按《汉书》，素应为"索"字，学者多从之。郑玄、倪思认为"素"字无误。索，即寻求、索取。隐，隐僻。②行怪：行为怪异。③述：称述、记述。④半涂：半路上。"涂"，通"途"。⑤已：止，停止。⑥遁世：出世隐居。遁，逃避。⑦不见知：不被理解。

江亭饯别图　明·杜琼

十二　费隐章
shí èr　fèi yǐn zhāng

jūn zǐ zhī dào fèi ér yǐn　fū fù zhī

君子之道费而隐①。夫妇②之

yú kě yǐ yù zhī yān jí qí zhì yě

愚，可以与③知焉，及其至④也，

suī shèng rén yì yǒu suǒ bù zhī yān fū fù zhī

虽圣人亦有所不知焉。夫妇之

bù xiào kě yǐ néng xíng yān jí qí zhì yě

不肖⑤，可以能行焉，及其至也，

suī shèng rén yì yǒu suǒ bù néng yān tiān dì zhī

虽圣人亦有所不能焉。天地之

注释：①费而隐：广泛而细微。费：广泛。②夫妇：指普通的男人和女人。③与：参与。
④至：达到最高深的境界。⑤不肖：不贤。

《人物故事图》之《南华秋水》　明·仇　英

91

dà yě， rén yóu yǒu suǒ hàn gù jūn zǐ yǔ
大 也，人 犹 有 所 憾①。故 君 子 语

dà tiān xià mò néng zài yān yǔ xiǎo tiān xià
大②，天 下 莫 能 载 焉；语 小，天 下

mò néng pò yān shī yún yuān fēi lì
莫 能 破③焉。《诗》云："鸢④飞 戾⑤

tiān yú yuè yú yuān yán qí shàng xià chá
天，鱼 跃 于 渊⑥。"言 其 上 下 察⑦

yě jūn zǐ zhī dào zào duān hū fū fù jí
也。君 子 之 道，造 端⑧乎 夫 妇，及

qí zhì yě chá hū tiān dì
其 至 也，察 乎⑨天 地。

注释：①憾：不满足。②语大：说大事。③破：解析、剖析。④鸢：一种凶猛的鸟，俗称老鹰。⑤戾：到。⑥渊：较深的池或潭。⑦察：昭著，详察。⑧造端：开始，起始。⑨乎：于。

双鉴行窝图 明·唐 寅

十三　不远章

shí sān　　bù yuǎn zhāng

子曰："道不远①人。人之为②
zǐ yuē　　dào bù yuǎn　rén　rén zhī wéi

道而远人，不可以为③道。《诗》
dào ér yuǎn rén　bù kě yǐ wéi dào　　shī

云：'伐④柯⑤伐柯，其则⑥不远。'
yún　　fá kē fá kē　qí zé bù yuǎn

执柯以伐柯，睨⑦而视之，犹以
zhí kē yǐ fá kē　nì ér shì zhī　yóu yǐ

注释：①远：疏远。②为：行，施行。③为：称为。④伐：砍。⑤柯：斧柄。⑥则：
样板，标准。⑦睨：斜着眼睛看。

人马图 元·赵孟頫

wéi yuǎn　　gù jūn zǐ yǐ rén zhì rén　gǎi ér

为 远。故 君 子 以 人 治 人，改 而

zhǐ　　　　zhōng shù　wéi dào bù yuǎn　shī zhū jǐ ér

止①。忠 恕②违 道 不 远，施 诸 己 而

bù yuàn　　yì wù shī yú rén　　jūn zǐ zhī dào

不 愿，亦 勿 施 于 人。君 子 之 道

sì　　qiū wèi néng yī yān　　suǒ qiú hū zǐ　　yǐ

四，丘 未 能 一 焉：所 求 乎 子，以

shì fù wèi néng yě　　suǒ qiú hū chén　yǐ shì jūn

事 父 未 能 也；所 求 乎 臣，以 事 君

wèi néng yě　　suǒ qiú hū dì　　yǐ shì xiōng wèi néng

未 能 也；所 求 乎 弟，以 事 兄 未 能

yě　　suǒ qiú hū péng yǒu　　xiān shī zhī wèi néng

也；所 求 乎 朋 友，先 施 之 未 能

注释：①改而止：改了过错就行。②忠恕：忠厚宽恕，即仁。

问道图　明·陈洪绶

也。庸^①德之行，庸言之谨，有所不足，不敢不勉^②；有馀不敢尽^③。言顾^④行，行顾言。君子胡^⑤不慥慥尔^⑥！"

注释：①庸：平常的。②勉：努力弥补。③尽：暴露。④顾：考虑到。⑤胡：怎么、为什么。⑥慥慥尔：忠厚、诚实的样子。

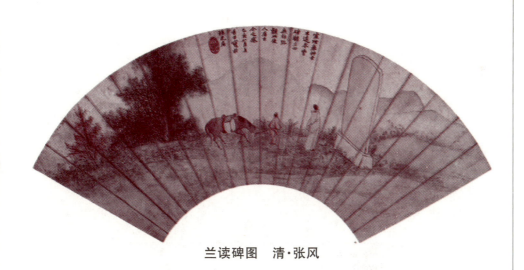

兰读碑图　清·张风

十四　素位章
shí sì　　sù wèi zhāng

君子素^①其位而行，不愿^②乎其外。素富贵，行乎富贵；素贫贱，行乎贫贱；素夷狄，行乎夷狄；素患难，行乎患难。君子无入而不自得焉！

注释：①素：向来，平常。②愿：奢望。

《仿韩熙载夜宴图》之《奏琴》　明·唐　寅

zài shàng wèi 　　bù líng xià 　zài xià wèi

在 上 位 ，不 陵① 下 ；在 下 位 ，

bù yuán shàng 　 zhèng jǐ ér bù qiú yú rén 　 zé

不 援② 上 。正 己 而 不 求 于 人 ，则

wú yuàn 　 shàng bù yuàn tiān 　 xià bù yóu rén 　 gù

无 怨 。上 不 怨 天 ，下 不 尤③ 人 。故

jūn zǐ jū yì 　　 yǐ sì 　 mìng 　 xiǎo rén xíng xiǎn

君 子 居 易④ 以 俟⑤ 命 ，小 人 行 险⑥

yǐ jiǎo xìng

以 徼 幸⑦ 。

zǐ yuē 　　　 shè 　 yǒu sì hū jūn zǐ 　 shī

子 曰 ："射⑧ 有 似 乎 君 子 ，失

zhū zhēng gǔ 　　 fǎn qiú zhū qí shēn

诸 正 鹄⑨ ，反 求 诸 其 身 。"

注释：①陵：通"凌"，欺凌。②援：高攀，巴结。③尤：怨恨，责怪。④易：平安，宁静。⑤俟：等待。⑥行险：冒险，铤而走险。⑦徼幸：指希望获得意料以外的东西。"徼"，通"侥"。⑧射：射箭。⑨正鹄：靶心。靶心画在布上叫"正"，画在皮上叫"鹄"。

《人物山水图》之《深柳读书堂》　清·钱　杜

十五 行远章
shí wǔ xíng yuǎn zhāng

君子之道，辟如^①行远必自迩^②，辟如登高必自卑^③。《诗》曰："妻子好合^④，如鼓^⑤瑟琴。兄弟既翕^⑥，和乐且耽^⑦。宜尔室家^⑧，乐尔妻帑^⑨。"子曰："父母其顺^⑩矣乎！"

注释：①辟如：譬如。②自迩：从近处。自，从。迩，近。③自卑：从低处。④好合：和好，关系和谐。⑤鼓：弹奏。⑥翕：合，和睦，融合。⑦耽：快乐的样子。⑧宜尔室家：搞好你的家庭。⑨帑：子孙。"帑"，通"孥"。⑩顺：顺心。

人日诗画图 明·文徵明

十六 鬼神章
shí liù　　　guǐ shén zhāng

子曰:"鬼神之为德①,其盛矣乎!视之而弗见,听之而弗闻,体物②而不可遗。使天下之人齐明③盛服④,以承祭祀。洋

注释:①德:功德。②体物:体现在万事万物之中。体,体现或体验。物,事物。③齐:通"斋",斋戒。明:洁净。④盛服:盛装。

清庙图　南宋·马和之

洋乎^①！如在其上，如在其左右。《诗》曰：'神之格^②思^③，不可度^④思，矧^⑤可射^⑥思。'夫微^⑦之显，诚之不可掩^⑧如此夫！"

注释：①洋洋乎：盛大充满的样子。②格：到来。③思：语气词，没有词义。④度：猜测。⑤矧：况且。⑥射：厌恶。⑦微：幽微。⑧掩：掩盖。

《孔子圣迹图》之《射矍相圃》

十七　大孝章
shí qī　　　dà xiào zhāng

子曰："舜其大孝也与！德
zǐ yuē　　　shùn qí dà xiào yě yú dé

为圣人，尊为天子，富有四海之
wéi shèng rén　zūn wéi tiān zǐ　fù yǒu sì hǎi zhī

内。宗庙飨①之，子孙保之。故大德
nèi　zōng miào xiǎng zhī　zǐ sūn bǎo zhī　gù dà dé

必得其位，必得其禄，必得其名，
bì dé qí wèi　bì dé qí lù　bì dé qí míng

注释：①飨：飨祀。

《孔子圣迹图》之《观周明堂》

必得其寿。故天之生物，必因^①其材而笃^②焉。故栽者^③培之，倾者^④覆^⑤之。《诗》曰：'嘉乐^⑥君子，宪宪^⑦令德^⑧。宜民^⑨宜人^⑩，受禄于天。保佑命^⑪之，自天申^⑫之。'故大德者必受命^⑬。"

注释：①因：依，顺着。②笃：沉重、深厚。③栽者：应该栽培的人。④倾者：歪斜不正的，指不能成材之人。⑤覆：毁灭。⑥嘉乐：和善而安乐。⑦宪宪：通"显显"，即显耀。⑧令德：美好的德性。⑨民：指民众。⑩人：指百官。⑪命：授命。⑫申：看重。⑬命：天命。

虞舜孝行感天图　清·王　素

shí bā　　wú yōu zhāng
十八　无忧章

子曰："无忧者，其惟①文王乎！以王季为父，以武王为子，父作②之，子述③之。武王缵④大王、王季、文王之绪⑤，壹戎衣

注释：①惟：只有，仅有。②作：兴起。③述：继承。④缵：继承。⑤绪：事业。

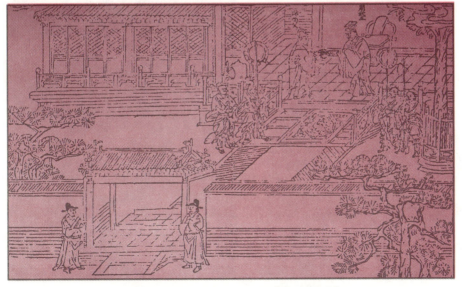

周武王丹书受戒图　明·《帝鉴图说》

ér yǒu tiān xià　　shēn bù shī tiān xià zhī xiǎn míng
而有天下，身不失天下之显名^①。

zūn wéi tiān zǐ　　fù yǒu sì hǎi zhī nèi　　zōng miào
尊为天子，富有四海之内。宗庙

xiǎng　zhī　　zǐ sūn bǎo zhī　　wǔ wáng mò shòu
飨^②之，子孙保之。武王末^③受

mìng　　zhōu gōng chéng wén wǔ zhī dé　　zhuī wàng tài
命^④，周公成文武之德，追王^⑤大

wáng　wáng jì　shàng sì xiān gōng yǐ tiān zǐ zhī lǐ
王、王季，上祀先公以天子之礼。

sī lǐ yě　dá　hū zhū hóu　dà fū　jí shì shù
斯礼也，达^⑥乎诸侯，大夫，及士庶

注释：①显名：盛名。②飨：祭祀，祭献。③末：末年，晚年。④受命：接受天命，即做天子。⑤追王：追封……王号。⑥达：到达。

周公像

周文王像

rén　fù wéi dà fū　zǐ wéi shì　zàng yǐ dà fū
人。父为大夫，子为士；葬以大夫，

jì yǐ shì　fù wéi shì　zǐ wéi dà fū　zàng yǐ
祭以士。父为士，子为大夫；葬以

shì　jì yǐ dà fū　jī zhī sāng dá hū dà fū
士，祭以大夫。期①之丧达乎大夫，

sān nián zhī sāng dá hū tiān zǐ　fù mǔ zhī sāng wú guì
三年之丧达乎天子，父母之丧无贵

jiàn yī yě
贱一②也。"

注释：①期：一年。②一：指天子和庶人都一样。

《孔子圣迹图》之《子贡庐墓图》　明·仇　英

十九　达孝章
shí jiǔ　　dá xiào zhāng

子曰："武王、周公，其达孝矣乎！夫孝者，善继人之志，善述人之事者也。春秋①修其祖庙，陈②其宗器③，设其裳④衣⑤，

注释：①春秋：春秋时节。②陈：陈列，摆上。③宗器：祭器。④裳：遮蔽下体的衣裙。⑤衣：是上身所穿的服装。

执竞图　南宋·马和之

荐^①其时食^②。宗庙之礼,所以序^③昭穆^④也;序爵^⑤,所以辨贵贱也;序事^⑥,所以辨贤也;旅^⑦酬^⑧下为上^⑨,所以逮贱^⑩也;燕^⑪毛^⑫,所以序齿^⑬也。

注释:①荐:进献。②时食:四季应时的食品。③序:排列。④昭穆:父为昭,子为穆,孙为昭,曾孙又为穆。昭排左列,穆排右列。⑤爵:爵位。⑥事:职事。⑦旅:指众人。⑧酬:指敬酒。⑨下为上:旅酬开始时,下辈给上辈敬酒。⑩逮贱:恩惠施及下辈。⑪燕:祭毕宴饮,以款待参加祭祀的人。⑫毛:指按头发的颜色就座。⑬序齿:按年龄长幼排序。

我将图 南宋·马和之

"践①其位，行其礼，奏其乐，敬其所尊，爱其所亲，事死如事生，事亡如事存，孝之至也。

"郊社②之礼，所以事上帝也；宗庙之礼，所以祀乎其先也。明乎郊社之礼、禘尝③之义，治国其如示诸掌乎④！"

注释：①践：登上，踩上。②郊社：郊祭和社祭。③禘尝：禘祭和尝祭。禘祭在夏季，尝祭在秋季，这里代指四时祭祀。④治国其如示诸掌乎：指治国的道理很简单。"示"，通"视"。示诸掌，即放在掌上（一样容易）。

萧何月下追韩信

èr shí　wèn zhèng zhāng
二十　问政章

● 哀公问政。子曰："文武之
āi gōng wèn zhèng　zǐ yuē　wén wǔ zhī

政，布①在方策②。其人存，则其
zhèng bù zài fāng cè　qí rén cún zé qí

政举③；其人亡，则其政息④。人
zhèng jǔ　qí rén wáng zé qí zhèng xī rén

道⑤敏政⑥，地道⑦敏树⑧。夫政
dào mǐn zhèng dì dào mǐn shù fú zhèng

注释：①布：散布，记载。②方策：典籍。③举：实行。④息：消失。⑤人道：治人之道，统治人的办法。⑥敏政：即努力搞好政事。敏，奋勉，努力从事。⑦地道：这里指经营土地的办法。⑧敏树：努力搞好种植。树，种植。

《孔子圣迹图》之《哀公立庙》

也者，蒲卢^①也。故为政在人。取人以身，修身以道，修道以仁。仁者，人也，亲亲^②为大；义者，宜^③也，尊贤为大。亲亲之杀^④，尊贤之等，礼所生也。在下位不获乎上，民不可得而治矣。

注释：①蒲卢：即蒲苇。②亲亲：亲近亲人。③宜：适宜、合适、妥当。④杀：等差，差别。

百尺梧桐轩图　元·佚　名

故君子不可以不修身；思修身，不可以不事亲①；思事亲，不可以不知人；思知人，不可以不知天。"

注释：①事亲：服侍父母。

松泉高士图　元·佚　名

● 天^{tiān}下^{xià}之^{zhī}达^{dá}①道^{dào}五^{wǔ}，所^{suǒ}以^{yǐ}行^{xíng}之^{zhī}者^{zhě}三^{sān}。曰^{yuē}君^{jūn}臣^{chén}也^{yě}，父^{fù}子^{zǐ}也^{yě}，夫^{fū}妇^{fù}也^{yě}，昆^{kūn}弟^{dì}②也^{yě}，朋^{péng}友^{yǒu}之^{zhī}交^{jiāo}也^{yě}。五^{wǔ}者^{zhě}，天^{tiān}下^{xià}之^{zhī}达^{dá}道^{dào}也^{yě}。知^{zhì}、仁^{rén}、勇^{yǒng}三^{sān}者^{zhě}，天^{tiān}下^{xià}之^{zhī}达^{dá}德^{dé}也^{yě}，所^{suǒ}以^{yǐ}行^{xíng}之^{zhī}者^{zhě}一^{yī}也^{yě}。或^{huò}生^{shēng}而^{ér}知^{zhī}之^{zhī}，或^{huò}学^{xué}而^{ér}知^{zhī}

注释：①达：通达，极高。②昆弟：兄弟。昆，哥哥。

《钦定元王恽承华事略补图》
之《汉和帝亲爱图》

《钦定元王恽承华事略补图》
之《唐元宗友悌图》

zhī　　huò kùn　ér zhī zhī　　jí qí zhī zhī　　yī

之，或困①而知之，及其知之，一

yě　　huò ān　ér xíng zhī　　huò lì　ér xíng zhī　　huò

也。或安而行之，或利而行之，或

miǎn qiǎng　ér xíng zhī　　jí qí chéng gōng　yī

勉强②而行之，及其成功，一

yě

也。

注释：①困：困惑、不解。②勉强：克服困难，尽力而为。此处不是指力量不足仍强行要做。

《钦定元王恽承华事略补图》
之《汉显宗师事桓荣图》

《钦定元王恽承华事略补图》
之《殷高宗问学甘盘图》

子曰：“好学近乎^①知，力行近乎仁，知耻近乎勇。知斯三者，则知所以修身；知所以修身，则知所以治人；知所以治人，则知所以治天下国家矣。”

注释：①近乎：接近于，差不多是。

《钦定元王恽承华事略补图》
之《汉武帝表章六经图》

《钦定元王恽承华事略补图》
之《汉元帝材艺图》

● 凡为天下国家有九经①，曰：
修身也，尊贤也，亲亲也，敬
大臣也，体②群臣也，子庶民也，
来③百工也，柔④远人⑤也，怀⑥诸
侯也。

　　修身则道立，尊贤则不惑，
亲亲则诸父⑦昆弟不怨，敬大臣

注释：①经：原则。引申为行为思想的准则。②体：体贴、体谅。③来：通"徕"，劝勉、慰劳。也可解释为招徕，即招来。④柔：温和、善待。⑤远人：从远方来的人。⑥怀：安抚。⑦诸父：伯父、叔父的合称。

《钦定元王恽承华事略补图》
之《魏太武帝六辅图》

《钦定元王恽承华事略补图》
之《唐太宗问魏徵君道图》

则不眩①，体群臣则士之报礼重，子庶民则百姓劝，来百工则财用足，柔远人则四方归之，怀诸侯则天下畏②之。

齐明盛服，非礼不动，所以修身也；去谗远色③，贱货而贵德，所以劝④贤也；尊其位，重

注释：①眩：迷惑、糊涂。②畏：敬服。③去谗远色：远离谗佞和女色。④劝：鼓励。

《钦定元王恽承华事略补图》
之《唐太子隆基释奠国学图》

《钦定元王恽承华事略补图》
之《汉惠帝四皓图》

其禄，同其好恶，所以劝亲亲也；官盛①任使②，所以劝大臣也；忠信重禄，所以劝士也；时使③薄敛④，所以劝百姓也；日省月试，既禀⑤称事，所以劝百工也；送往迎来，嘉善⑥而矜不能⑦，所以柔远人也；继绝世⑧，

注释：①官盛：属官很多。②任使：任凭使用、使唤。③时使：按时节使役百姓。④薄敛：赋税不重。⑤既禀：钱粮。"既"，通"饩"。"禀"，通"廪"。⑥嘉善：奖赏长处。⑦矜不能：怜惜短处。⑧继绝世：延续已经中断的家庭关系。继，延续、接续。绝世，指断了世袭地位的贵族世家。

《钦定元王恽承华事略补图》
之《晋温峤陈规献箴图》

《钦定元王恽承华事略补图》
之《汉贾谊保傅篇图》

举 废 国①， 治 乱 持 危②， 朝 聘③ 以 时 ， 厚 往 而 薄 来 ， 所 以 怀 诸 侯 也 。 凡 为 天 下 国 家 有 九 经 ， 所 以 行 之 者 一 也 ： 凡 事 豫④ 则 立 ， 不 豫 则 废 。 言 前 定 则 不 跲⑤， 事 前 定 则 不 困⑥， 行 前 定 则 不 疚⑦， 道 前 定 则 不 穷⑧。

注释：①废国：指已经灭亡了的国家。②治乱持危：平定祸乱，扶持危局。③朝聘：朝廷聘用。④豫：通"预"，预先有准备。⑤跲：绊倒，窒碍。⑥困：困惑。⑦疚：差错。⑧穷：尽。

《钦定元王恽承华事略补图》
之《唐太子亨易绛纱服制图》

《钦定元王恽承华事略补图》
之《汉太子骜不敢绝驰道图》

● 在下位不获乎上，民不可得
而治矣；获乎上有道^①：不信乎
朋友^②，不获乎上矣；信乎朋友
有道：不顺乎亲，不信乎朋友
矣；顺乎亲有道：反诸身不诚，
不顺^③乎亲矣；诚身有道：不明
乎善^④，不诚乎身矣。

注释：①道：途径。②信乎朋友：被朋友信任。③顺：顺心。④善：好事。

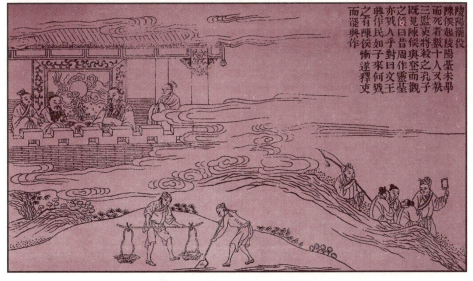

《孔子圣迹图》之《陵阳罢役》

119

诚者，天之道也；诚之者①，人之道也。诚者，不勉②而中③，不思而得，从容④中道，圣人也。诚之者，择善而固执⑤之者也。

博学之，审⑥问之，慎思⑦之，明辨⑧之，笃行⑨之。有弗学⑩，学之弗能弗措⑪也；有弗问⑫，问之

注释：①诚之者：使之达到诚的地步。②勉：费力。③中：符合。④从容：不慌不忙。⑤固执：紧紧抓住。⑥审：详尽。⑦慎思：谨慎思考。⑧明辨：明确辨别。⑨笃行：踏实行动。⑩弗学：没有学会的。⑪措：放弃。⑫弗问：未曾问过的疑难。

《孔子圣迹图》之《读书有感》

fú zhī fú cuò yě　yǒu fú sī　sī zhī fú
弗 知 弗 措 也 ; 有 弗 思①, 思 之 弗

dé fú cuò yě　yǒu fú biàn　biàn zhī fú míng
得 弗 措 也 ; 有 弗 辨②, 辨 之 弗 明

fú cuò yě　yǒu fú xíng　xíng zhī fú dǔ fú
弗 措 也 ; 有 弗 行③, 行 之 弗 笃 弗

cuò yě　rén yī néng zhī　jǐ bǎi zhī　rén
措 也 。人 一 能 之④, 己 百 之⑤; 人

shí néng zhī　jǐ qiān zhī　guǒ néng cǐ dào yǐ
十 能 之 , 己 千 之 。果 能 此 道 矣 ,

suī yú bì míng　suī róu bì qiáng
虽 愚 必 明 , 虽 柔 必 强 。

注释：①弗思：未曾考虑过的问题。②弗辨：未曾辨别的问题。③弗行：未曾做过的。
④人一能之：别人一次学会。⑤己百之：自己用百次时间学会。

《钦定元王恽承华事略补图》
之《商太甲复归思庸图》

《钦定元王恽承华事略补图》
之《唐太宗亲授帝范图》

二十一 诚明章

èr shí yī   **chéng míng zhāng**

zì chéng míng   wèi zhī xìng   zì míng chéng

自①诚明②，谓之性；自明诚，

wèi zhī jiào   chéng zé míng yǐ   míng zé chéng yǐ

谓之教。诚则明矣，明则诚矣。

注释：①自：由于，因为。②诚明：真诚而明白道理。

《钦定元王恽承华事略补图》
之《唐袁楚客书论正本图》

桃源渔隐图 清·蓝 瑛

二十二　尽性章
èr shí èr　jìn xìng zhāng

唯天下至诚，为能①尽②其性；能尽其性，则能尽人之性；能尽人之性，则能尽物之性；能尽物之性，则可以赞③天地之化育④；可以赞天地之化育，则可以与天地参⑤矣。

注释：①能：才能。②尽：充分发挥，尽量发挥。③赞：帮助。④化育：变化繁育。⑤参：通"叁"，这里指天、地、圣人并列为三。

松阴校书图　明·陈道复

二十三 致曲章
èr shí sān　　zhì qū zhāng

其次致①曲②，曲能有诚，诚则形③，形则著④，著则明⑤，明则动⑥，动则变，变则化⑦。唯天下至诚为能化。

qí cì zhì qū　　qū néng yǒu chéng chéng zé xíng xíng zé zhù zhù zé míng míng zé dòng dòng zé biàn biàn zé huà wéi tiān xià zhì chéng wéi néng huà

注释：①致：用于。②曲：局部、小事。③形：体现。④著：显著。⑤明：彰明。⑥动：感动众人。⑦化：化恶为善。

《钦定元王恽承华事略补图》
之《汉太子庄报书少傅图》

《钦定元王恽承华事略补图》
之《唐太子诵侍宴陈诗图》

二十四　前知章
èr shí sì qián zhī zhāng

至诚之道，可以前知①。国家将兴，必有祯祥②；国家将亡，必有妖孽③。见乎著④龟⑤，动乎四体⑥。祸福将至：善，必先知之；不善，必先知之。故至诚⑦如神。

注释：①前知：预知未来。②祯祥：指吉祥的预兆。③妖孽：指凶恶的预兆。④著：占筮用的蓍草，指占筮。⑤龟：占卜用龟甲，指占卜。⑥四体：指四肢。⑦至诚：最真诚的人。

《孔子圣迹图》之《知鲁庙灾》

二十五　自成章
èr shí wǔ　zì chéng zhāng

chéng zhě zì chéng yě，ér dào zì dǎo
诚 者 自 成①也，而 道 自 道②

yě。 chéng zhě wù zhī zhōng shǐ bù chéng wú
也。诚 者 物 之 终 始，不 诚 无

wù。 shì gù jūn zǐ chéng zhī wéi guì chéng zhě
物。是 故 君 子 诚 之 为 贵。诚 者，

fēi zì chéng jǐ ér yǐ yě suǒ yǐ chéng wù
非 自 成 己 而 已 也，所 以 成 物③

yě。 chéng jǐ rén yě chéng wù zhì yě
也。成 己，仁 也④；成 物，知 也。

xìng zhī dé yě hé wài nèi zhī dào yě gù
性 之 德 也，合 外 内 之 道⑤也，故

shí cuò zhī yí yě
时⑥措⑦之 宜⑧也。

注释：①自成：自我完善。②自道：自我遵道。③成物：成就万物。④仁：体现仁。
⑤道：道理。⑥时：时常。⑦措：运用。⑧宜：适宜。

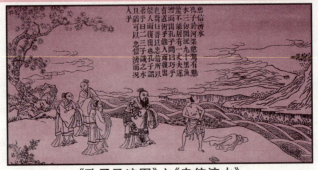

《孔子圣迹图》之《忠信济水》

二十六　无息章
èr shí liù　　wú xī zhāng

故至诚无息①。不息则久，久则征②，征则悠远，悠远则博厚③，博厚则高明④。博厚，所以载物也⑤；高明，所以覆物也⑥；

注释：①息：停息，中止。②征：证验，表现于外的。③博厚：广博深厚。④高明：高大光明。⑤载物：承载万事万物。⑥覆物：覆盖万事万物。

《孔子圣迹图》之《韦编三绝》

127

yōu jiǔ suǒ yǐ chéng wù yě bó hòu pèi
悠久，所以成物①也。博厚配

dì gāo míng pèi tiān yōu jiǔ wú jiāng rú cǐ
地，高明配天，悠久无疆②。如此

zhě bù xiàn ér zhāng bù dòng ér biàn wú
者，不见③而章④，不动而变，无

wéi ér chéng
为⑤而成。

tiān dì zhī dào kě yī yán ér jìn yě
天地之道，可一言而尽也：

qí wéi wù bù èr zé qí shēng wù bù cè
其为物不贰，则其生物不测⑥。

tiān dì zhī dào bó yě hòu yě gāo yě míng
天地之道，博也，厚也，高也，明

yě yōu yě jiǔ yě
也，悠也，久也。

注释：①成物：成就万事万物。②无疆：无边无际，引申为永世长存。③见：通"现"，表现。④章：通"彰"，彰显，显著。⑤无为：不妄为。⑥不测：不可测量。

《孔子圣迹图》之《贵黍贱桃》

今夫天，斯昭昭①之多②，及其无穷也，日月星辰系焉③，万物覆焉。今夫地，一撮土之多，及其广厚，载华岳而不重，

注释：①昭昭：光明，此处指一小处光明。②之多：就那么多。③系焉：属于此。

华岳高秋图　明·蓝瑛

zhèn hé hǎi ér bù xiè wàn wù zài yān jīn
振①河海而不泄，万物载焉。今
fú shān yī quán shí zhī duō jí qí guǎng
夫山，一卷②石之多，及其广
dà cǎo mù shēng zhī qín shòu jū zhī bǎo zàng
大，草木生之，禽兽居之，宝藏
xīng yān jīn fú shuǐ yī sháo zhī duō jí qí
兴焉。今夫水，一勺之多，及其
bù cè yuán tuó jiāo lóng yú biē shēng
不测，鼋鼍③、鲛④龙、鱼鳖生
yān huò cái zhí yān
焉，货财殖⑤焉。

注释：①振：收蓄、聚集。②卷：通"拳"，微小。③鼍：扬子鳄，又叫猪婆龙。④鲛：通"蛟"。⑤殖：繁殖。

《钦定元王恽承华事略补图》
之《周太公望谏嗜鲍鱼图》

《钦定元王恽承华事略补图》
之《齐邢峙谏食邪蒿图》

《诗》云："维^①天之命，於穆^②不已。"盖^③曰天之所以为天也。"於乎^④不显^⑤！文王之德之纯。"盖曰文王之所以为文也，纯亦不已。

注释：①维：通"惟"，思考。②於穆：多么肃穆。於，语气词。穆，肃穆。③盖：大概。④於乎：呜呼。⑤不显：通"丕"，光明显赫。

维天之命图　南宋·马和之

二十七　大哉章
èr shí qī　　dà zāi zhāng

大哉圣人之道！洋洋^①乎！
dà zāi shèng rén zhī dào　yáng yáng hū

发育万物，峻^②极于天。优优^③大
fā yù wàn wù　jùn jí yú tiān　yōu yōu dà

哉！礼仪^④三百，威仪^⑤三千。待
zāi　lǐ yí sān bǎi　wēi yí sān qiān dài

其人^⑥而后行。故曰苟^⑦不至德，
qí rén ér hòu xíng　gù yuē gǒu bù zhì dé

至道不凝^⑧焉。故君子尊德性而
zhì dào bù níng yān　gù jūn zǐ zūn dé xìng ér

注释：①洋洋：广大，多，丰富，充沛的样子。②峻：高大挺拔。③优优：充足、丰富的样子。④礼仪：礼的大纲。⑤威仪：礼的细目。⑥其人：适当的人。⑦苟：结果，假如。⑧凝：凝聚，集中。

《孔子圣迹图》之《杏坛礼乐》　明·佚　名

dào wèn xué zhì guǎng dà ér jìn jīng wēi jí
道①问学,致广大而尽精微,极

gāo míng ér dào zhōng yōng wēn gù ér zhī xīn
高明而道中庸。温故而知新,

dūn hòu yǐ chóng lǐ shì gù jū shàng bù
敦厚以崇②礼。是故居上不

jiāo wéi xià bù bèi guó yǒu dào qí yán zú
骄,为下不倍③,国有道其言足

yǐ xīng guó wú dào qí mò zú yǐ róng
以兴,国无道,其默足以容④。

shī yuē jì míng qiě zhé yǐ bǎo qí
《诗》曰:"既明且哲⑤,以保其

shēn qí cǐ zhī wèi yú
身。"其此之谓与!

注释:①道:讲求,致力于。②崇:推崇、崇尚。③倍:通"背",违背。④容:容身,保身。⑤哲:智慧。

仿古山水图 清·上 睿

二十八　自用章
èr shí bā　zì yòng zhāng

子曰："愚而好自用^①，贱而好自专^②，生乎今之世，反^③古之道^④。如此者，灾及其身者也。"

zǐ yuē　　yú ér hào zì yòng　jiàn ér hào zì zhuān　shēng hū jīn zhī shì　fǎn gǔ zhī dào　rú cǐ zhě　zāi jí qí shēn zhě yě

注释：①自用：指人刚愎自用。②自专：专横、独断。③反：通"返"，回复。④道：道理。

贻鹤寄书图　明·邵弥

fēi tiān zǐ   bù yì lǐ   bù zhì dù

非天子，不议礼，不制度①，

bù kǎo wén   jīn tiān xià chē tóng guǐ   shū tóng

不考文②。今天下车同轨③，书同

wén   xíng tóng lún   suī yǒu qí wèi   gǒu wú qí

文，行同伦④。虽有其位，苟无其

dé   bù gǎn zuò lǐ yuè yān   suī yǒu qí dé   gǒu

德，不敢作礼乐焉；虽有其德，苟

wú qí wèi   yì bù gǎn zuò lǐ yuè yān

无其位，亦不敢作礼乐焉。

注释：①制度：制即创制。度，礼制、法度。②考文：考证文字。③同轨：辙迹同宽。
④伦：道德标准。

山水人物图 明·邵弥

zǐ yuē　　　wú shuō xià lǐ　qǐ bù zú
子曰："吾说夏礼，杞不足

zhēng　yě　　wú xué yīn lǐ　yǒu sòng cún
征①也；吾学殷礼，有宋②存③

yān　wú xué zhōu lǐ　jīn yòng zhī　wú cóng
焉；吾学周礼，今用之，吾从

zhōu
周。"

注释：①征：证明。②宋：古国名，其国君是商君主的后代。③存：保存。

《孔子圣迹图》之《太庙问礼》　明·佚　名

二十九　三重章
èr shí jiǔ　　sān zhòng zhāng

wàng tiān xià yǒu sān zhòng yān　qí guǎ guò
王 天 下 有 三 重 焉 ， 其 寡 过
yǐ hū　shàng yān zhě　suī shàn wú zhēng　wú zhēng
矣 乎 ！ 上 焉 者① 虽 善 无 征 ， 无 征
bù xìn　bù xìn mín fú cóng　xià yān zhě　suī shàn
不 信 ， 不 信 民 弗 从 ； 下 焉 者② 虽 善
bù zūn　bù zūn bù xìn　bù xìn mín fú cóng
不 尊 ， 不 尊 不 信 ， 不 信 民 弗 从 。

注释：①上焉者：指周代以前的礼仪制度。②下焉者：往下看，指后来的圣人。

斗酒听鹂图　明·张翀

137

gù jūn zǐ zhī dào běn zhū shēn zhēng zhū shù

故君子之道：本诸身，征诸庶

mín kǎo zhū sān wáng ér bù miù jiàn zhū tiān

民，考诸三王而不缪①，建诸天

dì ér bù bèi zhì zhū guǐ shén ér wú yí

地而不悖②，质③诸鬼神而无疑，

bǎi shì yǐ sì shèng rén ér bù huò zhì zhū

百世以俟④圣人而不惑⑤。质诸

guǐ shén ér wú yí zhī tiān yě bǎi shì yǐ sì

鬼神而无疑，知天也；百世以俟

注释：①缪：通"谬"。②悖：违背。③质：验证。④俟：等待。⑤不惑：没有疑惑。

临流读书图 明·吴伟

shèng rén ér bù huò zhī rén yě shì gù
圣 人 而 不 惑 ， 知 人 也 。 是 故

jūn zǐ dòng ér shì wéi tiān xià dào xíng
君 子 动 而 世① 为 天 下 道② ， 行

ér shì wéi tiān xià fǎ yán ér shì wéi tiān
而 世 为 天 下 法③ ， 言 而 世 为 天

xià zé yuǎn zhī zé yǒu wàng jìn zhī
下 则④ 。 远 之 则 有 望⑤ ， 近 之

zé bù yàn shī yuē zài bǐ wú
则 不 厌 。 《诗》曰 ： " 在 彼 无

注释：①世：世代。②道：楷模。③法：榜样。④则：法则。⑤望：向往。

《山水图》之《为寻松树不知远》 明·邵 弥

wù　zài cǐ wú yì　　shù jī　sù yè
恶①，在此无射②；庶几③夙夜④，

yǐ yǒng zhōng yù　　jūn zǐ wèi yǒu bù rú cǐ
以永⑤终誉⑥！"君子未有不如此

ér zǎo　yǒu yù yú tiān xià zhě yě
而蚤⑦有誉于天下者也。

注释：①恶：讨厌、嫌恶。②射：厌恶。朱熹《中庸章句》："射，音妒，《诗》作斁。"
③庶几：将近，差不多，可能。④夙夜：从早晨到晚上。夙，早晨。⑤永：永
得。⑥终誉：名誉。⑦蚤：通"早"。

东篱赏菊图　明·唐 寅

三十　祖述章
sān shí　zǔ shù zhāng

仲尼祖述①尧舜，宪章②文
武；上律③天时，下袭④水土。
辟如天地之无不持载，无不覆
帱⑤，辟如四时之错行⑥，如日月

注释：①祖述：宗奉，传述。②宪章：效法，模仿。③律：顺从，遵循。④袭：因袭，顺应。⑤覆帱：覆盖。⑥错行：交错运行。

《山水图》之《溪山林层图》　清·刘　度

zhī dài míng wàn wù bìng yù ér bù xiāng hài
之代明①。万物并育而不相害，

dào bìng xíng ér bù xiāng bèi xiǎo dé chuān liú
道并行而不相悖。小德川流②，

dà dé dūn huà cǐ tiān dì zhī suǒ yǐ wéi dà
大德敦化③。此天地之所以为大

yě
也。

注释：①代明：交替光明。代，交替。明，明亮。②川流：像河水长流。③敦化：敦厚化育万物。

《杂画》之《远浦归帆》　明·陈洪绶

sān shí yī zhì shèng zhāng
三十一 至圣章

wéi tiān xià zhì shèng wéi néng cōng míng ruì
唯天下至圣，为能聪明睿

zhì zú yǐ yǒu lín yě kuān yù wēn
知①，足以有临②也；宽裕③温

róu zú yǐ yǒu róng yě fā qiáng gāng yì
柔，足以有容④也；发强⑤刚毅，

zú yǐ yǒu zhí yě zhāi zhuāng zhōng zhèng zú
足以有执⑥也；齐庄中正⑦，足

yǐ yǒu jìng yě wén lǐ mì chá zú yǐ yǒu
以有敬也；文理密察⑧，足以有

注释：①睿知：通达聪明，看得深远而明智。"知"，通"智"。②临：临察。③宽裕：指胸怀宽广豁达。④容：包容。⑤发强：奋发刚强。⑥执：决断。⑦中正：公正。⑧密察：思考周密。

轩辕问道图 明·石 锐

别也。溥博^①渊泉，而时^②出之。溥博如天，渊泉如渊。见而民莫不敬，言而民莫不信，行而民莫不说^③。是以声名

注释：①溥博：普遍广博。②时：适时。③说：通"悦"，喜欢。

江阁远眺图　明·王谔

yáng yì hū zhōng guó yì jí mán mò zhōu
洋溢^①乎中国，施及^②蛮貊^③。舟
chē suǒ zhì rén lì suǒ tōng tiān zhī suǒ fù dì
车所至，人力所通，天之所覆，地
zhī suǒ zài rì yuè suǒ zhào shuāng lù suǒ
之所载，日月所照，霜露所
zhuì fán yǒu xuè qì zhě mò bù zūn qīn
队^④，凡有血气^⑤者，莫不尊亲。
gù yuē pèi tiān
故曰配天^⑥。

注释：①洋溢：充满，广泛传播。②施及：延及。③蛮貊：南蛮北貊，古代对边远少数民族的称呼。④队：同坠，降落。⑤血气：血脉气息。⑥配天：与天相配。

秋江晚棹图 清·禹之鼎

三十二　经纶章
sān shí èr　jīng lún zhāng

wéi tiān xià zhì chéng　wéi néng jīng lún　tiān
唯天下至诚，为能经纶①天

xià zhī dà jīng　lì tiān xià zhī dà běn　zhī
下之大经②，立天下之大本，知

tiān dì zhī huà yù　fú yān yǒu suǒ yǐ　zhūn
天地之化育。夫焉有所倚？肫

zhūn　qí rén　yuān yuān　qí yuān hào hào　qí
肫③其仁！渊渊④其渊！浩浩⑤其

tiān　gǒu bù gù cōng míng shèng zhì dá tiān dé
天！苟不固聪明圣知达天德

zhě　qí shú néng zhī zhī
者，其孰能知之？

注释：①经纶：整理丝缕，引申为整理、规划。②大经：大原则，纲纪。③肫肫：诚恳、纯粹的样子。④渊渊：深邃的样子。④浩浩：广大无边的样子。⑤固：本来，真确。

摹宋人纺织图（局部）　明·夏厚

sān shí sān　　shàng jiǒng zhāng
三十三　　尚绚章

《诗》曰："衣锦尚①绚②。"恶其文③之著也。故君子之道,暗然④而日章⑤;小人之道,的然⑥而日亡。君子之道,淡⑦而不厌,

注释:①尚:加上。②绚:禅衣,即用麻布制成的单层外衣。现在所见的《诗经》里并无此句诗。《诗经·卫风·硕人》有诗句"硕人其颀,衣锦褧衣"。《诗经·郑风·丰》有诗句"裳锦褧裳,衣锦褧衣"。③文:花纹。④暗然:深不可测。⑤日章:日益彰显。"章",通"彰"。⑥的然:鲜明的样子。⑦淡:恬淡。

摹宋人纺织图(局部)　明·夏　厚

jiǎn ér wén
简而文①，温而理，知远之近，知
fēng zhī zì
风②之自③，知微之显，可与入德
yǐ
矣。

shī yún qián suī fú yǐ yì kǒng
《诗》云："潜虽伏矣，亦孔④
zhī zhāo gù jūn zǐ nèi xǐng bù jiù wú
之昭⑤！"故君子内省不疚⑥，无
wù yú zhì jūn zǐ zhī suǒ bù kě jí zhě
恶⑦于志⑧。君子之所不可及者，
qí wéi rén zhī suǒ bù jiàn hū
其唯人之所不见乎。

注释：①简而文：简质而有文采。②风：风气。③自：来源。④孔：很。⑤昭：显著。
⑥疚：愧疚。⑦恶：损害。⑧志：心志。

王维诗意图之潜鳞自无饵，林鸟不曾惊 明·项圣谟

《诗》云："相^①在尔室，尚^②不愧于屋漏^③。"故君子不动而敬，不言而信。

《诗》曰："奏假^④无言，时靡有争^⑤。"是故君子不赏而民劝，不怒而民威于铁^⑥钺^⑦。

注释：①相：看。②尚：上。③屋漏：屋漏神。④奏假：庙祭时奏升堂的大乐。⑤时靡有争：此时没有纷争。⑥铁：铡刀，用来腰斩的刑具。⑦钺：大斧。

待漏图　清·冯宁

《诗》曰："不显①惟德，百辟②其刑③之。"是故君子笃恭④而天下平。

《诗》云："予怀明德，不大声以色。"子曰："声⑤色⑥之于⑦以化民⑧，末⑨也。"

注释：①不显：光明显赫。②百辟：诸侯。③刑：效法。④笃恭：笃实谦恭。⑤声：疾声。⑥色：厉色。⑦之于：对于。⑧以化民：用来教化民众。⑨末：树梢，指非根本的，最次等的。

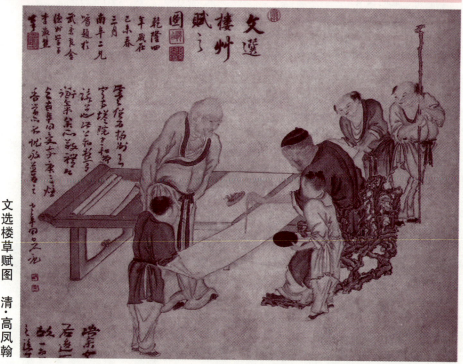

文选楼草赋图 清·高凤翰

《诗》曰："德辀①如毛。"毛犹有伦②。"上天之载③，无声无臭④。"至⑤矣！

注释：①辀：古代一种轻便车，引申为轻。②伦：类，即比较。③载：通"栽"，即栽培，生长。④臭：气味。⑤至：最高境界。

静听松风图　南宋·马　麟

江皋暮雪图　明·蓝　瑛

孝 经

《历朝贤后故事图》之《孝事周姜》 清·焦秉贞

秋风归牧图

《孝经》导读

王佳佳

  《孝经》作为儒家经典"十三经"之一，是我国古代以孝治国的理论基础。其成书时间不晚于战国，是先秦古籍。《孝经》以孔子与其门人曾参谈话的形式，对孝的含义、作用等问题加以阐述。这部语录体的书，读起来十分亲切，仿佛在聆听一场师生有关"治家理国"之道的探讨，孔子从论述治家之道开始，说明个人要从内心里尊敬父母，与父母处好关系，家庭和睦，社会也就稳定了。《孝经》为社会各个阶层的人都确立了行孝的标准，而且把尽孝与忠君、爱国、明礼、守法、节俭等行为准则结合在一起，充分挖掘了孝的精神内涵，我们应当吸收其中的精华。

  《孝经》共有十八章，是儒家十三经中篇幅最短的一部。依其内容，十八章大致可分为四部分。自《开宗明义章》至《庶人章》为第一部分，共六章，对孝加以概括性论述，并分别对不同地位的人的孝的不同表现形式进行阐述。自《三才章》至《五刑章》为第二部分，共五章，主要讲述孝与治国的关系，强调孝在社会生活中的重要性。其中的《纪孝行章》则专论孝子应做之事，是对一般意义上的孝的解说。自《广要道章》至《广扬名章》为第三部分，共三章，是对《开宗明义章》中提到的"至德""要道""扬名"的引申和发挥。因此，这一部分可视为《开宗明义章》的继续。自《谏净章》至《丧亲章》为第四部分，共四章。这部分各章之间内在联系不紧密，而是分别以不同的题目，对前三部分内容进行发挥和补充。其中，《丧亲章》可视为全篇的总结。《孝经》篇幅虽短，文字不足两千，但内容很丰富，也很深刻。后世言孝之书，其旨很少有能超出《孝经》的。因此有必要对《孝经》的主要内容做进一步的介绍。《孝经》通篇谈孝，那么《孝经》之孝是什么呢？"夫孝，天之经也，地之义也，民之行也"（《三才章》）"夫孝，德之本也，教之所由生也。"（《开宗明义章》）孝是自然规律的体现，是人类行为的准则，是国家政治的根本。这是《孝经》的基本观点，也是全篇的基石。对与父母生活在一起的人来说，孝主要体现在事亲上，即对父母的奉养上。那么怎样奉养才算孝呢？"居则致其敬，养则致其乐，病则致其忧，丧则致其哀，祭则致其严。五者备矣，然后能事亲。"（《纪孝行章》）"生事爱敬，死事哀戚。"（《丧亲章》）也就是要以爱敬之心奉养健在的父母，要以哀戚诚敬之心祭奉亡故的父母。子有爱敬之心，则父母乐；子有哀戚诚敬之心，则在天之灵安。这就是孝。

当然，有孝就有不孝。《孝经》倡导孝，在一定意义上讲是针对不孝而言的。《孝经》所说的不孝主要包括如下几个方面：只重视物质供养，而不重视对亲人精神上的安慰，犯上作乱，骄横妄为，最后导致自身罹祸，即"居上而骄则亡，为下而乱则刑，在丑而争则兵。三者不除，虽日用三牲之养，犹为不孝也"（《纪孝行章》）。此外，还包括对父母的一味顺从。面对父母的错误主张或行为，如果不去劝阻或制止，必会使父母陷于不义之地，这也是不孝。《孝经》用辩证的观点，对孝的内涵做了更全面的阐发，使人们对孝的理解更加深刻。这是后世愚儒所不敢言的。

《开宗明义章第一》

作为全文的开启，本章对孝的意义、内容和表现形式都做了简要的概括。章中首言孝是"至德要道"，从而将孝的地位抬升到无以复加的高度。接着对孝做了进一步阐释：孝是人最根本的行为准则，也是教化的源泉；它的基本内容是不毁伤父母给予的自然之体，而最高的表现形式是通过行礼，名扬天下后世，光耀父母；人在青年时期以奉事亲人体现孝道，中年则以服务于国君为孝，晚年则表现为致力于成为典范表率的实践，即"始于事亲，中于事君，终于立身"。这就是孝道的纲领。

中国几千年的封建社会秩序和封建伦理关系就是以孝道为基础建立起来的。时至今日，我们提倡的尊老爱幼、热爱祖国、心怀抱负等新的道德要求，可以说是孝道的发展和完善。在家里，子女尊敬长辈，长辈爱护子女，共享天伦之乐；在社会上，尽职尽责，为国家做出自己的贡献；对个人，要修身养性，实现自己的宏伟理想。这样我们的社会才会和谐有序。

《天子章第二》

本章言天子之孝。天子之孝在于以身作则，对亲人爱敬，并推而广之，行博爱广敬之道以此教化人民，规范天下。章中首二句的意思是爱亲者也同样是爱他人，敬亲人者也不会怠慢他人，即博爱广敬是真正的爱敬亲人之道。

孔子将"孝"分成了五个等级，第一等便是："天子之孝"。什么是"天子之孝"？"天子之孝"就是敬奉自己的父母，也敬奉天下的父母，言传身教，将德行和教化施行到广大的民众中去。天子之孝有两个重要内容，第一天子必须具备广敬博爱的心，第二天子必须承担洒播爱心的责任。上行而下效，孔子深深懂得如果一国的天子行了"孝道"，那么他的臣民就会受到感化，就会以天子为榜样，这样推行孝道就容易得多。同时，一国天子的品德关系到天下黎民百姓的命运，关系到一个国家的衰败和兴旺，因此"天子之孝"至关重要。孔子是一位了不起的大教育家，他建立的孝道面对的是每一个人，孝道面前人人平等，孝道面前人人有责。只不过不同的人行孝的侧重点有所不同，在随后的章节里，孔子还会逐一谈到"卿大夫之孝""士之孝"和"庶人之孝"。

《诸侯章第三》

本章言诸侯之孝。诸侯作为一方之君，上有天子，下有子民，职责甚重，因此孔子将"诸侯之孝"放在第二等。诸侯是天子政令的实施者，诸侯的品行也直接关系到国家的安危。诸侯之孝体现在以不骄和守法来长久地使自己富贵，进而保住社稷、庇护人民。可见诸侯是否孝在于能否持久地保住自己的封国。孔子在"诸侯之孝"中强调的更多的是诸侯的处世哲学，那就是要做到"在上不骄""满而不溢"，在日常的政务中小心谨慎，就像"如临深渊，如履薄冰"。如果做到了以上几点，他就会取得百姓的支持和认同，同时也就能保住自己的高官厚禄。孔子确实有真知灼见，无数的历史事实都证实了这一点。

《卿大夫章第四》

本章言卿大夫之孝。卿大夫的地位次于诸侯，他们的主要任务是执行具体的政令，起着上传下达的桥梁作用，孔子把"卿大夫之孝"排在五孝中的第三位。文中认为，卿大夫是否孝有三项标准：一是言行尊奉先王法道；二是言行正确；三为言行受到天下的赞誉。只要做到这三条，就可以保住宗庙。其规定很具体很实在，主要有三个方面：服饰、言论和行动。服饰是一个人身份的标志，卿大夫必须依据礼制穿着服饰，这样一方面可以代表官方的身份，便于处理公务；另一方面也是为了接受百姓的监督，对卿大夫本人起到一种警诫的作用。言论和行动是"卿大夫之孝"的重点内容，卿大夫的一言一行一举一动，老百姓都看在眼里，记在心上。因此，孔子在此章里就强调卿大夫的言行一定要符合礼仪的规定，为老百姓做出好的表率。

《士章第五》

本章言士之孝。士是官吏中地位最低的一个群体，是具体事务的执行人，虽然官位不高，但为国尽职为君尽忠的要求和卿大夫是一样的，孔子用非常巧妙的方法说明士应该遵循的孝道。其孝在生活中体现在两个方面，具有不同的表现形式：在家中，事母偏重于爱，事父则在爱的同时又加之以敬；在外，则以敬为主。在此篇中，孔子先用情感转移论说明士能爱父必定爱母，爱父母必能爱国忠君；士能尊敬父兄，就必能尊敬师长。做到了以上两点，士就能保住自己的俸禄。接着，孔子又谈到为何要保住自己的俸禄？因为只有保住自己的俸禄，才能使父母有所养，祖先有所祭。由此孔子提出士的孝道重点是勤勤恳恳、尽职尽责地做好本职工作，不要辜负父母的养育之恩。

《庶人章第六》

劳动人民是社会的主体，是社会财富的创造者，这一点孔子认识得很清楚，因此孔子要求广大民众顺应自然规律，勤奋耕作，节省开支，赡养父母，这就是"庶人之孝"。然而，孔子的思想中，始终是轻视劳动人民的。他的这种思想观点一直都是统治阶级建立封建秩序和治理百姓的思想武器。从这一点就可以理解孔子为什么将人数众多的人民排在五孝的最末一等。

《三才章第七》

三才指天、地、人。孔子在这一章里主要论述"孝道"是天经地义的行为。他首先指出日月星辰运行于天，春夏秋冬四时循环，这是天地间不变的法则。那么在人间与天地规律相应的法则是什么呢？是孝道。孝道就是符合天地运行规则的道德行为，从而点出了孝是天经地义的这一论断。本章从更广阔的范围对孝加以阐述：孝是自然规律的体现和精髓，也是人的行为准则。人间盛世，无不是取法天地之规律并加以利用而后出现的，先王之世就是如此。

在这一章里孔子还论述了孝道在治理国家时起到的巨大作用："其教不肃而成，其政不严而治。"这种良好政治效果的取得就是通过五个方面的教化来完成的，第一博爱，第二德义，第三敬让，第四礼乐，第五好恶。由此可知，孝道的作用是无所不至的，可以说它在很大程度上促进了一个民族文明的飞跃。

《孝治章第八》

本章阐述了以孝治国的好处。在这一章里孔子进一步论证了孝治的作用。文中举出昔日贤明之君以孝治国的经验，指出这样做可以得天下欢心，"生则亲安之，祭则鬼享之"，活人和亡灵都各得其所，于是天下和平灾害不生，祸乱不作。对国家来说，孝道可以用在外交方面，如果对他国能以礼相待，就会得到他国的拥戴和钦服；对天子来说，用孝道治理天下，就能得到臣民的欢迎和拥护；对诸侯来说，用孝道治理自己的领地，体恤民情，孤寡无欺，就会得到当地百姓的欢心；对卿大夫来说，用孝道来治理家庭，就会家庭和睦。如果统治阶层能充分发挥孝道的作用，并身先臣民，那么一个充满博爱、和睦、宁静、幸福的社会就形成了，这是孔子的理想。对今天来说，我们仍在祈祷和平，反对战争，人类还在为幸福的生活做出各种努力和牺牲，孔子的理想仍然是我们今天的理想。

《圣治章第九》

本章分为两个部分，自"曾子曰"至"又何以加于孝乎"为第一部分，自"故亲生之膝下，以养父母日严"以下为第二部分。第一部分阐述圣人的最高德行是孝。文中以周公为例，认为周公能令后稷配天、文王配上帝，因而四海来祭，这是无以复加的孝，也是圣人之德的最高表现；第二部分讲述圣人以孝治国的道理。圣人用孝的尊亲之义教导天下人敬爱其君，因而其政成，其国治，这是抓住了问题的关键。如不以爱亲敬教导人民，就会出现悖德悖礼之事，百姓就失去了准则。这种离善就恶的做法，即使取得了成功，君子也不会看重，因为君子具有"言思可道"等一系列符合孝的品德，他们以这种品德教化人民，治理国政。

在这里，孔子认为所有的孝道中，天子之孝是最重要的，这不仅是有关天子本人的德行，而且是关系一个国家的命运、生存和发展的重大问题，因此孔子在此进一步论证了天子如何运用孝道来修身齐家治国平天下。孔子说一切生灵中唯有人最尊贵，而在人的所有行为中孝最伟大，而在所有的孝行中尊敬父亲最为重要，在所有尊敬父亲的行为中在祭祀祖先时把父亲与天同祭最为重要，周公第一个做到了这一点。孔子这样层层推理，就点出了一个以孝治天下的好榜样。进而谈到以孝道而达到"圣治"而必须做的六件事："言思可道""行思可乐""德义可尊""作事可法""容止可观""进退可度"。这样君主就可以达到"圣治"了。

《纪孝行章第十》

本章讲述了孝子必须具备的品德。孔子认为做一个能事奉双亲的孝子最基本的要做到五个方面：居致敬、养致乐、病致忧、丧致哀、祭致严。即孝子供养父母要恭敬、和乐，父母有病则关怀忧愁，父母亡逝要哀痛，祭祀要严肃诚敬。此外，孝子在社会生活中要严肃诚敬。但这仅仅是从家庭和个人修养的角度要求的。伟大的教育家孔子非常英明地从社会这个角度对孝子提出了更高的要求，那就是"居上不骄，为下不乱，在丑不争"，否则祸患临头，这样对父母供养的再好，也不是孝。"在丑不争"中的"丑"是"同类"或"众人"的意思，全句可理解为"和顺从众"。家庭和社会是紧密相连的。如果一个在父母面前行孝的人在为官时骄奢淫逸就必定会身败名裂，如果在社会上为非作歹就会受到法律的制裁，如果在人群中与人计较争斗就会产生纷争。一个孝子在社会上惹出了这么多的麻烦和灾祸，无疑给父母增加了心灵的痛苦，说不定给父母带来的是灭顶之灾。这样的人无论在家多么孝顺父母，也不能算真正的孝子。由此看来，一个孝子除了具备对家庭的责任感，更重要的是要有对社会的责任感。将孝道由家庭引向社会，是孔子修身、齐家、治国、平天下思想的延伸。

《五刑章第十一》

本章言不孝之最。孔子在上一章中谈到了什么是真正的孝，在这一章里主要谈什么是最大的不孝。最大的不孝有三种：第一，威胁君主；第二，诽谤圣人；第三，不孝敬父母。君主是一个国家的象征，孔子的时代认为君主是上天派到人间的管理者，他是替天行道，如果有人威胁君主就是违抗上天，这当然是大逆不道的；圣人代表的是一种道德典范，是得到大家认同的美德，如果有人胆敢蔑视和否定这种美德，违背大众的意志，这是不被允许的；如果有人对自己的父母不孝，他们就像没有人性的畜生。以上这三种人是社会的破坏性因素，因此在五刑中量刑最重。墨、宫、劓、刖、大辟五刑有三千条款，罪莫大于不孝。因为否定孝道与要挟君上、否定圣人都是大乱之道，因此罪大恶极。孔子认为孝道不仅仅局限在个人家庭内，而且关系到建立和维护封建社会的秩序，关系到一个国家的安定与和睦。这就是孔子的伟大之处。

《广要道章第十二》

本章对孝与治国的关系做了进一步的阐述。要道，即《开宗明义章》中的"先王有至德要道"的"要道"，在这一章里做了充分具体的说明，故称之为《广要道》。在这章里谈到了治国安民之术，孝只居其一，此外还有悌、乐、礼。随后，文中指出礼就是敬，敬在治国中十分重要。同时谈到实行"要道"的四种对策：第一，教民亲爱用孝；第二，教民礼顺用悌；第三，移风易俗用乐；第四，安上治民用礼。孔子从敬父、敬兄、敬君中推断出了这样一个结论："敬一人，而千万人悦，所敬者寡，而悦者众，此之谓要道也。"孔子在这一章里提到了一个新观点，即用音乐来改革风俗。两千多年前的孔子就明确地指出了音乐的教化作用。音乐的社会作用有时是不可估量的。在我国抗日战争时期，许多抗战歌曲就曾经鼓舞了民族抗战的斗志。

《广至德章第十三》

上一章里孔子主要讲"要道"，这一章里孔子主要讲"至德"。怎样才能做到"至德"？孔子说："君子之教以孝也，非家至而日见之也。"即君子要言传身教，要为民众做出表率，具体办法是：敬父以孝，敬兄以悌，敬君以臣道。君子以孝道教人，并不是挨门挨户和每日不断地直接向人宣讲，而是尊敬普天之下的为父者，以此教导人们行孝。同样，君子还以敬天下为人兄者教人尊敬兄长，以敬人君的行为教人为臣之道。以身作则才是至德的表现，才能使人民心悦诚服。如此，才能使上下同心同德，使人知长幼之序，明君臣父子之义。通过君子的努力，人人都能够尊敬人，人人都能够爱护人，这就是君子所要达到的最高尚的道德境界。

《广扬名章第十四》

本章继续描述君子的优良品行，指出因为他们事亲孝，所以能够忠君；因为能尊敬兄长，所以能顺从官长；因为治家有方，所以可以治理国政。君子在家门之内奉行孝、悌、理三德，就可以树立自己的形象并且扬名后世。本章是对首章"扬名于后世，以显父母"一句中"扬名"的展开，故称《广扬名章》。从这一章中，我们可以更明确地理解过去。孔子的这一"家国一理"的主张用现代观点来说，即如果一个人能孝敬父母尊敬师长，就能取得了良好的人际关系，就能得到别人的帮助和支持；如果对日常生活中的每一件事都能认真去做，那么无论是做官还是做学问就更不会马马虎虎。这些优良的品行和良好的习惯是一个人成功的基础。一个人要成名成家，要从培养个人的品行开始。

《谏诤章第十五》

本章说明对孝要持辩证的态度。在这一章里曾子提出了这样的疑问："从父之令，可谓孝乎？"孔子连用两个反问表明了自己不同意这种说法，接着孔子从天子、诸侯、卿大夫、士及父五个方面对谏诤做了精辟的阐述，认为天子从谏才能不失天下，诸侯从谏才能不失封地，卿大夫从谏才能不失其家，士能从谏才能保住名声，父亲从谏才能不失于义，由此说明了谏诤的巨大作用。

孔子反对一味盲从，反对愚忠愚孝，在此他提出了一个重要理论："故当不义则争之"。他提倡"子不可以不争于父，臣不可以不争于君。"一味地恭顺父母之命，并不一定是孝，面对父母违背道义的行为或主张，孩子要进行谏诤，帮助父母改正错误。如果此时"从父之令"就是不孝。推而广之，臣之于君，亦是如此。这些孝道理论在一定程度上体现了孔子的辩证思想和民主思想。正是在这些积极思想的影响下，中国历史发展进程中出现了一些"亲贤纳谏，从谏如流"的君主，出现了许多为正义而牺牲的志士仁人，也出现了许多大义灭亲的英雄好汉。

《感应章第十六》

本章讲述孝的超凡作用。文中举昔日贤明之君为例，指出虽贵为天子也必有父有兄，天子若能孝父母、敬兄长、致敬于祖先，其作用就会大大超出凡人之孝，可以"通于神明，光于四海，无所不通"。本章以《感应章》命名，是说明天子之孝可以感动天地神明。这一章主要是讲孝悌所要达到的最高境界就是感天动地，施于四海，如此才能做到"天时地利人和"。当然因为当时科学技术的落后，认识自然的能力有很大的局限性，所以即使是圣人孔子，其思想中有很多封建迷信色彩，这也是可以理解的。对今天的我们来说，掌握大自然的规律，因地制宜，发展经济，增强减灾抗灾能力，同时让我们都奉献一颗爱心，团结起来互相帮助，形成的力量同样能感天动地。

《事君章第十七》

本章讲述君子的事君之道，阐述君子如何为君尽忠，为国尽职。怎样才能算是尽忠尽职呢？那就是不仅要"以孝事君""当其不义则争之"，还要做到"进思尽忠，退思补过，将顺其美，匡救其恶"。君子事君要时刻想着国君，想着如何办好国事，奉献自己的全部忠诚；退还后，要考虑如何弥补君上的过失。对待君上，君子应顺从和执行他的善政，纠正并制止他的恶行，即全心全意地为国为民，在国家利益面前要有牺牲个人利益的胸襟。孔子是站在国家的高度来谈论孝道的。没有国哪有家？孔子从孝敬父母入手，渐渐将孝道的最终目标定在了维护国家利益上。

《丧亲章第十八》

当父母健在的时候，要做到居致敬、养致乐、病致忧，那么父母去世后如何表达孝敬之心呢？本章叙述了亲人亡逝后，孝子应行的丧礼。孝子要尽哀戚之情，要遵守三日而食、丧不过三年的礼法。这些礼法既能表达丧亲之哀，也体现了不以死伤生、丧而有终的精神。文中接着讲述了孝子应做的事情：准备好棺木，制作好寿衣，摆上供品，哭着出殡，选择好墓地，为亲人立庙祭祀。做好这一切事情，就尽到了生者的责任。与此同时，孔子规定在父母去世后，"三日而食""无以死伤生""毁不灭性""丧不过三年"。因为失去亲人后不能过度悲伤，过度悲伤会损害建康，一方面违背了死者的心愿，另一方面不利于为君尽忠为国尽职，所以孔子奉劝孝子要懂得节哀。这种丧应有节的思想是十分符合人性的。本章最后总结道：对亲人，活着时要爱敬，亡逝后要哀戚。人的立身之道、死生之理尽在于此。

　　"孝"是儒家伦理思想的核心，是千百年来中国社会维系家庭关系的道德准则，是中华民族的传统美德。《孝经》一书除了收录《孝经》之外，还附加了《二十四孝》。通过学习《二十四孝》中的小故事可以更好地使孝的真谛从经典走向生活。时至今日，《孝经》里面的一些内容确实有点过时，但它作为产生过巨大影响的古籍，仍值得我们加以重视和研究。学习《孝经》不仅有助于我们了解已经过去的时代，而且可以从中提炼积极的成分，不断发扬民族的传统美德。

唐玄宗御注《孝经》序

　　朕闻上古其风朴略，虽因心之孝已萌，而资敬之礼犹简。及乎仁义既有，亲誉益著。圣人知孝之可以教人也，故因严以教敬，因亲以教爱，于是以顺移忠之道昭矣，立身扬名之义彰矣。子曰："吾志在《春秋》，行在《孝经》。"是知孝者，德之本欤。

　　《经》曰："昔者明王之以孝理天下也，不敢遗小国之臣，而况于公侯伯子男乎？"朕尝三复斯言，景行先哲，虽无德教加于百姓，庶几广爱刑于四海。嗟乎，夫子没而微言绝，异端起而大义乖。况泯绝于秦，得之者皆煨烬之末；滥觞于汉，传之者皆糟粕之馀。故鲁史《春秋》，学开五传；《国风》《雅》《颂》，分为四诗。去圣逾远，源流益别。

　　近观《孝经》旧注，踳驳尤甚。至于迹相祖述，殆且百家。业擅专门，犹将十室。希升堂者，必自开户牖；攀逸驾者，必骋殊轨辙。是以道隐小成，言隐浮伪。且传以通经为义，义以必当为主。至当归一，精义无二。安得不剪其繁芜，而撮其枢要也？

　　韦昭、王肃，先儒之领袖。虞翻、刘劭，抑又次焉。刘炫明安国之本，陆澄讥康成之注。在理或当，何必求人？今故特举六家之异同，会五经之旨趣；约文敷畅，义则昭然；分注错经，理亦条贯。写之琬琰，庶有补于将来。

　　且夫子谈经，志取垂训。虽五孝之用则别，而百行之源不殊。是以一章之中，凡有数句；一句之内，意有兼明；具载则文繁，略之又义阙。今存于疏，用广发挥。

洗耳图

kāi zōngmíng yì zhāng dì yī
开宗明义①章第一

zhòng ní jū　　zēng zǐ shì　　zǐ yuē
仲尼居②，曾子侍③。子曰："

xiān wáng yǒu zhì dé yào dào　　yǐ shùn tiān xià
先王有至德要道④，以顺⑤天下，

mín yòng hé mù　　shàng xià　wú yuàn　rǔ zhī zhī
民用和睦⑥，上下⑦无怨。汝知之

hū
乎⑧？"

zēng zǐ bì xí yuē　　shēn bù mǐn
　曾子避席⑨曰："参不敏⑩，

hé zú yǐ zhī zhī
何足以知之？"

zǐ yuē　　fú xiào　dé zhī běn yě
　子曰："夫孝，德之本也⑪，

注释：①开宗明义：即阐述本经的宗旨，说明孝道的义理。开，张开，揭示。宗，宗旨。明，显示，使之明晰。义，义理。②仲尼居：仲尼，孔子的字。孔子，春秋末期思想家、政治家、教育家，儒家的创始者。居，闲居，无事闲坐着。③曾子侍：曾子，即曾参，字子舆，孔子的弟子。侍，地位低的人在地位高的人身侧为侍。这里指在孔子旁边陪坐。④先王：先代圣帝明王。这里指尧、舜、禹、汤、文、武等历史上著名的贤君圣王。至德：至善至美之品德。要道：至关重要的道理。⑤顺：理顺。⑥民用和睦：百姓相顾而亲，相悦而和。用，因而。⑦上下：指社会地位的尊卑高低，这里包括了从贵族到平民的各个阶层。⑧汝知之乎：你知道这些道理吗？汝，你。之，指代前句所说的"至德要道"。乎，语气词，用在句末表示疑问或反问。⑨避席：古代的一种礼节，指离开座位站起来以示恭敬。⑩敏：聪慧，灵敏。⑪夫孝，德之本也：孝道是一切德行的根本。夫，发语词。本，根本。

167

jiào zhī suǒ yóu shēng yě
教之所由生也①。

fù zuò
复坐②，

wú yù
吾语

rǔ
汝③。

shēn tǐ fà fū
"身体发肤④，

shòu zhī fù mǔ bù
受之父母，不

gǎn huǐ shāng
敢毁伤⑤，

xiào zhī shǐ yě
孝之始⑥也。

lì shēn xíng
立身行

dào
道⑦，

yáng míng
扬名⑧

yú hòu shì
于后世，

yǐ xiǎn fù mǔ
以显⑨父母，

xiào zhī zhōng yě
孝之终也⑩。

注释：①教之所由生也：所有教化都是从孝道产生出来的。②复坐：孔子让曾子回到自己的席位上去。复，重回。③语：告诉。④身：躯体。体：四肢。发：毛发。肤：皮肤。⑤毁伤：毁坏，残伤。⑥始：开端。⑦立身：指在事业上有所建树，有所成就。行道：指按照天道行事。⑧扬名：显扬名声。⑨显：显耀，荣耀。⑩孝之终也：指孝道的终极要求。终，终了。

《孔子圣迹图》之《五乘从游》

"夫孝，始于事亲^①，中于事君^②，终于立身^③。

"《大雅》^④云：'无念尔祖^⑤，聿修厥德^⑥。'"

注释：①始于事亲：以侍奉双亲为孝行之始。②中于事君：以为君王效忠、服务为孝行的中级阶段。③终于立身：以建功扬名、光宗耀祖为孝行之终。④《大雅》：《诗经》的一个组成部分，主要是西周官方的音乐诗歌作品。⑤无念：犹言勿忘，不要忘记。尔：你的。祖：祖先。⑥聿修厥德：继承、发扬先祖的美德。聿，语助词。厥，其。以上两句见于《诗经·大雅·文王》。

《孝经图》之《开宗明义章》 宋·佚 名

《孝经图》之《天子章》　宋·佚　名

天子^①章第二

tiān zǐ zhāng dì èr

子曰："爱亲者不敢恶于人^②，敬亲者不敢慢于人^③。爱敬尽^④于事亲，而德教加于百姓^⑤，刑于四海^⑥，盖^⑦天子之孝也。《甫刑^⑧》云：'一人有庆^⑨，兆民赖之^⑩。'"

注释：①天子：指帝王、君主。②爱亲：亲爱自己的父母。恶：厌恶、憎恨。③敬亲者不敢慢于人：尊敬自己父母的人，就不会怠慢别人的父母。慢，轻侮，怠慢。④尽：竭尽全力。⑤德教：以道德教化。加：施加。⑥刑：法，法则。用作动词，"为……所法则"之义。四海：指全天下。⑦盖：犹略。⑧《甫刑》：一名《吕刑》，《尚书》篇名。⑨一人：天子。庆：善。⑩兆民：万民，指天下之百姓。赖：信赖，依靠。

《孝经图》之《天子章》　明·仇　英

zhū hóu zhāng dì sān
诸侯^①章第三

zài shàng bù jiāo　　gāo ér bù wēi　　zhì jié
在上不骄^②，高而不危；制节

jǐn dù　　　mǎn ér bù yì　　　gāo ér bù wēi
谨度^③，满而不溢^④。高而不危，

suǒ yǐ cháng shǒu guì yě　　mǎn ér bù yì　suǒ
所以长守贵^⑤也；满而不溢，所

yǐ cháng shǒu fù yě　　fù guì bù lí qí shēn
以长守富^⑥也。富贵不离其身，

注释：①诸侯：指由天子分封的国君。②在上：指诸侯的地位在万民之上。骄：骄傲，傲慢。③制节：俭省费用。谨度：指行为举止谨慎，合乎法度。④满：充实，指国库充裕。溢：过分，这里指奢侈浪费。⑤长守贵：长久地保有尊贵的地位。贵，指政治地位高。⑥长守富：长久地保有财富。富，指钱财多。

羲之笼鹅　清·吴友如

rán hòu néng bǎo qí shè jì ér hé qí mín rén
然后能保其社稷①，而和其民人②，

gài zhū hóu zhī xiào yě
盖诸侯之孝也。

shī yún zhàn zhàn jīng jīng rú lín
《诗》云："战战兢兢，如临

shēn yuān rú lǚ bó bīng
深渊，如履薄冰③。"

注释：①社稷：代指国家。社，土地神。稷，谷神。②和：使……和睦。民人：百姓。③战战兢兢，如临深渊，如履薄冰：意思是说恐惧谨慎，担心坠入深渊不可复出，担心陷入薄冰下不可援救。语出《诗经·小雅·小旻》。战战，恐惧。兢兢，戒慎。临，近。

孝经图之诸侯章　宋·佚　名

卿大夫①章第四
qīng dà fū zhāng dì sì

非先王之法服，不敢服②；非
fēi xiān wáng zhī fǎ fú　bù gǎn fú　fēi

先王之法言，不敢道③；非先王
xiān wáng zhī fǎ yán　bù gǎn dào　fēi xiān wáng

之德行④，不敢行。是故，非法不
zhī dé xíng　bù gǎn xíng　shì gù　fēi fǎ bù

言⑤，非道不行⑥；口无择言，身无择
yán　fēi dào bù xíng　kǒu wú zé yán　shēn wú zé

注释：①卿大夫：指地位仅次于诸侯的高级官员。②法服：合于礼仪规定的服装。不敢服：不敢穿。③法言：合乎情理、礼法的言论。不敢道：不敢说。④德行：符合道德标准的行为。⑤非法不言：不符合礼法的话不说，言必守法。⑥非道不行：不符合道德的事不做，行必遵道。

《孝经图》之《卿大夫章》 明·仇 英

xíng
行①；
yán mǎn tiān xià wú kǒu guò
言满天下无口过②，
xíng mǎn tiān xià
行满天下
wú yuàn wù
无怨恶③。
sān zhě bèi yǐ
三者备矣④，
rán hòu néng shǒu qí
然后能守其
zōng miào
宗庙⑤，
gài qīng dà fū zhī xiào yě
盖卿大夫之孝也。
shī
《诗》
yún
云：
sù yè fěi xiè
"夙夜匪懈，
yǐ shì yī rén
以事一人⑥。"

注释：①口无择言，身无择行：张口说话无须斟酌措辞，行动举止无须考虑应当怎样去做。②言满天下无口过：虽然言谈传遍天下，但是天下之人都不觉得有什么过错。满，充满，遍布。口过，言语的过失。③行满天下无怨恶：尽管做的事多天下人也看得很清楚，但不会遭人怨恶。怨恶，怨恨，不满。④三者：指服、言、行，即法服、法言、德行。备：完备，齐备。⑤宗庙：古时立祖宗神像以祭祀的场所。⑥夙夜匪懈，以事一人：卿大夫当能早起夜寝以事天子，不得懈惰。语出《诗经·大雅·烝民》。夙，早。匪，非，不。懈，怠惰。

《孝经图》之《卿大夫章》　宋·佚　名

shì zhāng dì wǔ
士①章第五

资②于事父以事母，而爱同③；资于事父以事君，而敬④同。故母取其爱，而君取其敬，兼之者父也⑤。故以孝事君则忠，以敬事

注释：①士：这里指国家的低级官员，地位在大夫之下，庶人之上。②资：取。③而：其。爱：指亲爱之心。④敬：指崇敬之心。⑤兼之者父也：指侍奉父亲，则兼有爱心和敬心。兼，同时具备。

《孝经图》之《士章》 明·仇 英

长 则 顺^①。忠 顺 不 失^②，以 事 其
上 ，然 后 能 保 其 禄 位^③，而 守 其
祭 祀 ，盖 士 之 孝 也。《诗》云："夙
兴 夜 寐 ，毋 忝 尔 所 生^④。"

注释：①以敬事长则顺：用敬重兄长的态度去事奉上级，就能够顺从。长，上级，长官。
②忠顺不失：指忠诚与顺从两个方面都做到没有缺点、过失。③禄位：爵位和俸
禄。④夙兴：早起。夜寐：晚睡。毋：不要。忝：羞辱。所生：即生身父母。语
出《诗经·小雅·小宛》。

《孝经图》之《士章》 宋·佚 名

《孝经图》之《庶人章》 宋·佚 名

shù rén zhāng dì liù
庶人①章第六

yòng tiān zhī dào　　fēn dì zhī lì　　jǐn
用天之道②，分地之利③，谨

shēn jié yòng　　yǐ yǎng fù mǔ　　cǐ shù rén zhī xiào
身节用④，以养父母，此庶人之孝

yě　　gù zì tiān zǐ zhì yú shù rén　　xiào wú zhōng
也。故自天子至于庶人，孝无终

shǐ　　　ér huàn bù jí zhě　　wèi zhī yǒu yě
始⑤，而患不及者⑥，未之有也。

注释：①庶人：众人。②用天之道：按时令变化安排农事。用，善用。天之道，指春生、夏长、秋收、冬藏。③分地之利：分别情况，因地制宜，种植适宜当地生长的农作物，以获取地利。④谨身：谨慎小心。节用：节省开支。⑤孝无终始：孝道的义理非常博大。⑥而患不及：而担心做不到。患，忧虑，担心。不及，做不到。

《孝经图》之《庶人章》　明·仇　英

sān cái zhāng dì qī
三才①章第七

曾子曰：" zēng zǐ yuē 甚哉②！孝之大 shèn zāi xiào zhī dà 也。" yě 子曰：" zǐ yuē 夫孝，天之经③ fú xiào tiān zhī jīng 也，地之义④也，民之行⑤也。天 yě dì zhī yì yě mín zhī xíng yě tiān 地之经，而民是则之⑥。则天之 dì zhī jīng ér mín shì zé zhī zé tiān zhī 明⑦，因地之利⑧，以顺天下⑨。是 míng yīn dì zhī lì yǐ shùn tiān xià shì 以其教不肃而成⑩，其政不严而 yǐ qí jiào bù sù ér chéng qí zhèng bù yán ér

注释：①三才：指天、地、人。②甚：很，非常。哉：语气词，表示感叹。③经：常，指永恒不变的道理和规律。④义：合乎道理的法则。⑤民之行：意即孝道是人之百行中最根本、最重要的品行。行，品行，行为。⑥民是则之：人民因此把这作为法则。是，由此，因此。则，效法。⑦天之明：指天空中有规律运行的日月星辰。⑧因地之利：充分利用大地的优势。因，凭借。⑨顺：治理。⑩是以：因此。肃：严厉。成：成功。

《孝经图》之《三才章》　明·仇　英

治①。先王见教之可以化民也②，是故先之以博爱③，而民莫遗其亲④；陈之以德义⑤，而民兴行⑥；先之以敬让⑦，而民不争；导之以礼乐⑧，而民和睦；示⑨之以好恶，而民知禁⑩。《诗》云：'赫赫师尹⑪，民具尔瞻⑫。'"

注释：①政：政事。治：指天下太平。②教：指天地之道。化民：感化老百姓。③先：指率先实行。之：指人民。博爱：泛爱众人。④遗：遗弃。⑤陈：宣扬。德义：道德。⑥兴行：主动地实行。⑦敬让：恭敬而谦让。⑧导：引导。礼：礼仪规范。乐：音乐。⑨示：明示，显现。⑩禁：禁止。⑪赫赫：显耀。师：太师。尹：尹氏，为太师。⑫民具尔瞻：人民都仰视你。以上两句见于《诗经·小雅·节南山》。

《孝经图》之《三才章》宋·佚 名

《孝经图》之《孝治章》　南宋·佚　名

孝治①章第八

子曰："昔者明王之以孝治天下也②，不敢遗小国之臣③，而况于公、侯、伯、子、男乎④？故得万国之欢心⑤，以事其先王⑥。

"治国者不敢侮于鳏寡⑦，而况于士民乎⑧？故得百姓之欢心，以事其先君。治家者不敢失于臣妾⑨，而况于妻子乎⑩？故

注释：①孝治：以孝道治理天下。②昔者：从前。明：圣明。③遗：遗忘。④公、侯、伯、子、男：周朝分封诸侯的五等爵位。⑤万国：指天下各诸侯国。欢心：爱护、拥护之心。⑥以事其先王：意指各国诸侯都来参加祭祀先王的典礼。⑦治国者：指天子所分封的诸侯。鳏：老而无妻。寡：老而无夫。⑧士民：指士绅和平民。⑨治家者：指受禄养亲的卿大夫。臣妾：指男女仆役。⑩妻子：妻子儿女。

dé rén zhī huān xīn　　yǐ shì qí qīn
得人之欢心，以事其亲①。

　　 fú rán　　　 gù shēng zé qīn ān zhī
　　"夫然②，故生则亲安之③，

jì zé guǐ xiǎng zhī　　 shì yǐ tiān xià hé píng
祭则鬼享之④。是以天下和平，

zāi hài bù shēng　　 huò luàn bù zuò　　 gù míng
灾害不生⑤，祸乱不作⑥。故明

wáng zhī yǐ xiào zhì tiān xià yě rú cǐ　　 shī
王之以孝治天下也如此。《诗》

yún　　　 yǒu jué dé xíng　 sì guó shùn zhī
云：'有觉德行，四国顺之⑦。'"

注释：①亲：指父母双亲。②夫然：如此。夫，发语词。③生：活着。亲：双亲。安之：安定地生活。④祭：祭奠。鬼：指去世的父母的灵魂。享之：享受祭奠。⑤灾害：指自然界水、旱、风、雨等灾变。⑥祸乱：指人事方面的祸患。⑦有觉德行，四国顺之：天子有这样伟大的德行，四方各国就会都服从他的统治。语出《诗经·大雅·抑》。

《孝经图》之《孝治章》　明·仇　英

圣治^①章第九

shèng zhì zhāng dì jiǔ

曾子曰："敢^②问圣人之德，
无以加于^③孝乎？"子曰："天地
之性人为贵^④。人之行，莫^⑤大于
孝，孝莫大于严^⑥父，严父莫大于
配天^⑦，则周公其人也^⑧。昔者，
周公郊祀后稷^⑨，以配天；宗祀
文王于明堂，以配上帝^⑩。是以
四海之内，各以其职^⑪来祭。夫圣

注释：①圣治：圣人治理天下。②敢：表敬副词，有冒昧的意思。③加于：超过。④性：生灵。⑤莫：没有什么。⑥严：尊敬。⑦配天：指祭天而附带祭祀先祖。⑧则周公其人也：指以父配天的祭礼，是由周公开始的。⑨郊祀：古代祭祀天地在郊外。后稷：周朝的始祖。⑩宗祀：指聚集宗族祭祀。明堂：宗庙。上帝：天帝。⑪职：职位。

185

rén zhī dé　　yòu hé yǐ　jiā yú xiào hū　gù qīn

人之德，又何以^①加于孝乎？故亲

shēng zhī xī xià　　yǐ yǎng fù mǔ rì yán

生之膝下^②，以养父母日严^③。

shèng rén yīn yán yǐ jiào jìng　　yīn qīn yǐ jiào

圣人因严以教敬^④，因亲以教

ài

爱^⑤。

shèng rén zhī jiào　bù sù ér chéng　qí

"圣人之教，不肃而成^⑥，其

zhèng bù yán ér zhì　　qí suǒ yīn zhě běn yě

政不严而治^⑦，其所因者本也^⑧。

fù zǐ zhī dào　　tiān xìng yě　jūn chén zhī yì

父子之道^⑨，天性也，君臣之义

yě　fù mǔ shēng zhī　xù mò dà yān　jūn

也。父母生之，续莫大焉^⑩。君

注释：①何以：以何，凭什么。②亲：指亲近父母之心。膝下：指孩提时代。③养：供养，事奉。日严：日益尊敬。④圣人因严以教敬：指圣人依靠子女对父母尊崇的天性，引导他们敬父母。⑤因亲以教爱：根据子女对父母亲近的天性，教导他们爱父母。⑥圣人之教，不肃而成：圣人的教化虽然并不严厉但却很有成效。⑦其政不严而治：圣人的政令虽然并不苛刻但却能使天下太平。⑧因：凭借。本：天性，此指孝道。⑨父子之道：指父子之间父慈子孝的感情关系。⑩续：传宗接代。焉：于之，于此。

《孝经图》之《圣治章》 明·仇 英

亲临之,厚莫重焉①。故不爱其亲而爱他人者,谓之悖德②;不敬其亲而敬他人者,谓之悖礼。以顺则逆③,民无则④焉。不在于善⑤,而皆在于凶德⑥。虽⑦得之,君子不贵⑧也。君子则不然,言思可道⑨,行思可乐⑩,德义可

注释:①君亲临之,厚莫重焉:君王对臣,好比严父对子女,没有比这更厚重的。②悖德:违背道德。悖,违背。③顺:顺理,合理。逆:适得其反。④则:法则。⑤不在于善:指不行孝道。⑥凶德:丑恶的品德。⑦虽:即使。⑧贵:重视。⑨言思可道:君子所说的每一句话都要考虑是否能得到别人的称道。⑩行思可乐:君子所做的每一件事都要考虑能否使人感到高兴。

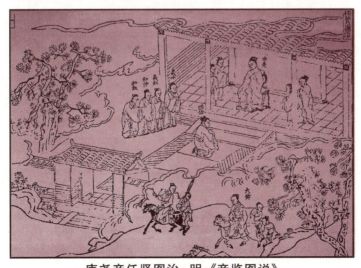

唐尧帝任贤图治　明·《帝鉴图说》

187

zūn zuò shì kě fǎ róng zhǐ kě guān jìn
尊，作事可法①，容止可观②，进

tuì kě dù yǐ lín qí mín shì yǐ qí mín
退可度③，以临其民④。是以其民

wèi ér ài zhī zé ér xiàng zhī gù néng chéng
畏而爱之，则而象之⑤。故能成

qí dé jiào ér xíng qí zhèng lìng shī yún
其德教，而行其政令。《诗》云：

shū rén jūn zǐ qí yí bù tè
'淑人君子，其仪不忒⑥。'"

注释：①作事可法：君子所建立的事业要使人能够效法。②容止可观：君子的容貌和举止要使人仰慕。③进退可度：君子的一进一退都要合乎法度。④以临其民：意思是用这样的办法来统治他的臣民。临，统治。⑤畏而爱之，则而象之：既敬畏他，又拥戴他，并处处效法他，模仿他。象，模仿，效法。⑥淑人君子，其仪不忒：善人君子，他的威仪礼节不会有差错。语出《诗经·曹风·鸤鸠》。淑人，有德行的人。仪，仪表，仪容。忒，差错。

《孝经图》之《圣治章》 宋·佚 名

jì xiào xìng zhāng dì shí
纪孝行^①章第十

zǐ yuē xiào zǐ zhī shì qīn yě jū
子曰："孝子之事亲也，居

zé zhì qí jìng yàng zé zhì qí lè bìng zé
则致其敬^②，养则致其乐^③，病则

zhì qí yōu sāng zé zhì qí āi jì zé zhì
致其忧^④，丧则致其哀^⑤，祭则致

qí yán wǔ zhě bèi yǐ rán hòu néng shì qīn
其严^⑥，五者备矣，然后能事亲。

注释：①纪孝行：讲述孝道的内容及具体事项。②居则致其敬：作为一个孝子在日常生活中，要用最敬重的心侍奉父母。居，日常的家庭生活。致，尽，极。③养则致其乐：孝子要用最愉悦的心情去服侍自己的父母。养，赡养。乐，欢乐。④病则致其忧：孝子在父母生病的时候要用最忧虑的心情去照料他们。⑤丧则致其哀：孝子在父母去世时要用最伤痛的心情来料理丧事。丧，指父母去世、办理丧事的时候。⑥祭则致其严：孝子在祭奠自己的父母时要用最严肃的态度来追思他们。祭，做祭奠。

《孝经图》之《纪孝行章》　明·仇　英

189

shì qīn zhě   jū shàng   bù jiāo   wéi xià bù luàn

事亲者，居上^①不骄，为下不乱^②，

zài chǒu   bù zhēng   jū shàng ér jiāo zé wáng   wéi

在丑^③不争。居上而骄则亡，为

xià ér luàn zé xíng   zài chǒu ér zhēng zé bīng   sān

下而乱则刑，在丑而争则兵^④。三

zhě bù chú   suī rì yòng sān shēng zhī yǎng   yóu

者不除，虽日用三牲之养^⑤，犹

wéi bù xiào yě

为不孝也。"

注释：①居上：身居高位。②为下：身为臣下。乱：反逆犯上。③在丑：指作为地位低贱的人。④兵：指动武。⑤三牲之养：用佳肴美味供养父母。三牲，指牛、羊、猪。

《孝经图》之《纪孝行章》 宋·佚 名

《孝经图》之《五刑章》 宋·佚 名

wǔ xíng zhāng dì shí yī
五刑①章第十一

zǐ yuē

子曰："五刑之属三千②，而

zuì mò dà yú bù xiào　　yāo jūn zhě wú shàng　　fēi

罪莫大于不孝③。要君者无上④，非

shèng rén zhě wú fǎ　　fēi xiào zhě wú qīn　　cǐ dà

圣人者无法⑤，非孝者无亲⑥，此大

luàn zhī dào　yě

乱之道⑦也。"

注释：①五刑：古代五种轻重不同的刑罚。即墨、劓、荆、宫、大辟。墨，在额上刺字后，涂上黑色。劓，割鼻。荆，断足。宫，男阉割，女闭幽宫中。大辟，死刑。②五刑之属三千：应当处以五刑的罪有三千条。③罪莫大于不孝：在应当处以五刑的三千条罪行中，最严重的是不孝。④要君者无上：意思是用武力威胁君王的人目无君王。要，要挟，胁迫。⑤非圣人者无法：意思是用言语诋毁圣人的人目无法纪。非，诽谤，诋毁。⑥非孝者无亲：意思是反对孝道的人目无父母。⑦大乱之道：大乱的根源。道，根源。

《孝经图》之《五刑章》 明·仇 英

广要道章^① 第十二
guǎng yào dào zhāng　dì shí èr

子曰："教民亲爱^②,莫善于
zǐ yuē　　jiào mín qīn ài　　mò shàn yú

孝。教民礼顺,莫善于悌^③。移风
xiào　jiào mín lǐ shùn　mò shàn yú tì　　yí fēng

易俗,莫善于乐^④。安上治民,莫善
yì sú　mò shàn yú yuè　　ān shàng zhì mín　mò shàn

于礼^⑤。礼者,敬而已矣^⑥。故敬其
yú lǐ　 lǐ zhě　jìng ér yǐ yǐ　　gù jìng qí

注释:①广要道:从大的范围来阐发孝道。②教民亲爱:教育人民相亲相爱。③教民礼顺,莫善于悌:教导百姓懂得礼仪,没有比敬爱兄长更好的了。④移风易俗,莫善于乐:要想改变民情风俗,没有比用音乐更好的了。乐,指音乐。⑤安上治民,莫善于礼:让君主安心,让百姓太平,没有比礼教更好的了。⑥礼者,敬而已矣:礼说到底就是一个"敬"字。

《孝经图》之《广要道章》 明·仇 英

193

父，则子悦^①；敬其兄，则弟悦；敬
其君，则臣悦；敬一人，而千万
人悦^②。所敬者寡，而悦者众，
此之谓要道也^③。"

注释：①故敬其父，则子悦：敬重他的父亲，做儿子的就高兴。悦，高兴，喜欢。②一人：指父、兄、君，即受敬之人。千万人：指子、弟、臣。千万，形容数量之多。③所敬者寡，而悦者众，此之谓要道也：所敬的人少，而高兴的人却很多，这就是所说的要道。

《孝经图》之《广要道章》 宋·佚 名

guǎng zhì dé zhāng dì shí sān
广 至 德① 章 第 十 三

zǐ yuē jūn zǐ zhī jiào yǐ xiào yě fēi
子 曰 ："君 子 之 教 以 孝 也 ，非

jiā zhì ér rì jiàn zhī yě jiào yǐ xiào suǒ
家 至 而 日 见 之 也②。教 以 孝 ，所

yǐ jìng tiān xià zhī wéi rén fù zhě yě jiào yǐ
以 敬 天 下 之 为 人 父 者 也③。教 以

tì suǒ yǐ jìng tiān xià zhī wéi rén xiōng zhě yě
悌 ，所 以 敬 天 下 之 为 人 兄 者 也 。

注释：①广至德：进一步阐发孝道为"至德"的理由。②家至：家家都要走到。日见：每天都见面。③教以孝，所以敬天下之为人父者也：君子教化人民推行孝道，为的是要人民尊敬天下的父母。

《孝经图》之《广至德章》 明·仇 英

195

jiào yǐ chén　suǒ yǐ jìng tiān xià zhī wéi rén jūn
教以臣，所以敬天下之为人君
zhě yě
者也。

　　　　　shī yún　　　kǎi tì　jūn zǐ　mín zhī
　　《诗》云：'恺悌①君子，民之
fù mǔ　　fēi zhì dé　qí shú néng shùn mín rú
父母。'非至德，其孰能顺民如
cǐ qí dà zhě hū
此其大者乎②？"

注释：①恺悌：慈祥和乐。语出《诗经·大雅·泂酌》。②非至德，其孰能顺民如此其大者乎：没有至高无上的德行，谁能有这样伟大的力量顺应民心呢？

《孝经图》之《广至德章》 宋·佚 名

guǎng yáng míng zhāng dì shí sì
广 扬 名① 章 第 十 四

zǐ yuē　　　jūn zǐ zhī shì qīn xiào　　gù
子 曰 ：" 君 子 之 事 亲 孝 ， 故

zhōng kě yí yú jūn　　shì xiōng tì　　gù shùn kě
忠 可 移 于 君② ； 事 兄 悌 ， 故 顺 可

yí yú zhǎng　　jū jiā lǐ　　gù zhì kě yí yú
移 于 长 ； 居 家 理 ， 故 治 可 移 于

guān　　shì yǐ xíng chéng yú nèi　　ér míng lì
官③ 。 是 以 行 成 于 内④ ， 而 名 立⑤

yú hòu shì yǐ
于 后 世 矣 。"

注释：①**广扬名**：进一步阐发行孝和扬名的关系。②**君子之事亲孝，故忠可移于君**：君子侍奉父母能极尽孝道，那么他就能忠诚地侍奉君王。移，转移，感情的转移。③**居家理，故治可移于官**：善于料理家事，就能管理好政事。④**行成于内**：在家中养成了美好的品行。行，指孝、悌、理三种品行。内，家中。⑤**立**：树立。

《孝经图》之《广扬名章》 宋·佚 名

jiàn zhèng zhāng dì shí wǔ
谏 诤^① 章 第 十 五

zēng zǐ yuē　　　ruò fú　cí　ài　gōng jìng　ān

曾子曰：“若夫^②慈爱、恭敬、安

qīn　yáng míng　　zé wén mìng　yǐ　gǎn wèn zǐ cóng

亲、扬名，则闻命^③矣。敢问子从

fù zhī lìng　　kě wèi xiào hū

父之令^④，可谓孝乎？”

zǐ yuē　　　shì hé yán yú　　shì hé yán

子曰：“是何言与^⑤？是何言

yú　xī zhě　tiān zǐ yǒu zhèng chén　qī rén

与？昔者，天子有争臣^⑥七人，

suī wú dào　　bù shī qí tiān xià　zhū hóu yǒu

虽无道^⑦，不失其天下；诸侯有

注释：①谏诤：对君王、尊长、朋友进行规劝。②若夫：句首语气词，用于引起下文。③闻命：谦辞，表示领会师长的教导。④从父之令：听从父母的命令。⑤是何言与：这是什么话。是，代词，这。与，同欤，语气词。⑥争臣：指能直言谏诤之臣。"争"，通"诤"。⑦虽：即使。无道：没有仁政。

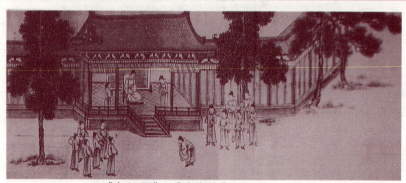

《孝经图》之《谏诤章》 明·仇　英

zhèng chén wǔ rén suī wú dào bù shī qí guó
争臣五人，虽无道，不失其国；

dà fū yǒu zhèng chén sān rén suī wú dào bù shī
大夫有争臣三人，虽无道，不失

qí jiā shì yǒu zhèng yǒu zé shēn bù lí yú lìng
其家；士有争友，则身不离于令

míng fù yǒu zhèng zǐ zé shēn bù xiàn yú bù
名①；父有争子，则身不陷于不

yì gù dāng bù yì zé zǐ bù kě yǐ bù zhèng
义。故当不义，则子不可以不争

yú fù chén bù kě yǐ bù zhèng yú jūn gù dāng
于父，臣不可以不争于君，故当

bù yì zé zhèng zhī cóng fù zhī lìng yòu yān dé
不义则争之。从父之令，又焉得

wéi xiào hū
为孝乎！"

注释：①令名：好的名誉。

《孝经图》之《谏诤章》宋·佚　名

gǎn yìng zhāng dì shí liù
感应^①章第十六

子曰："昔者，明王事父孝，故事天明^②；事母孝，故事地察^③；长幼顺，故上下治。天地明察，神明彰矣^④。故虽天子，必有尊也，言有父也^⑤；必有先也，言有兄也^⑥。宗庙致敬，不忘亲也^⑦。修身慎行，恐辱先

注释：①感应：古人认为人间的孝悌行为能使神灵做出相应的反应。②明王事父孝，故事天明：明君能够孝顺地侍奉父亲，也就能够虔诚地侍奉天帝。明王，圣明的君主。③事母孝，故事地察：能够孝顺地侍奉母亲，也就能够虔诚地侍奉地神。④天地明察，神明彰矣：能明察天地降生和孕育万物的道理，也就能获得神明的降福与庇佑。⑤故虽天子，必有尊也，言有父也：意思是即使贵为天子，也必定有比他更尊贵的，那就是他的父亲。⑥必有先也，言有兄也：必定有比他更先出生的人，那就是他的兄长。⑦宗庙致敬，不忘亲也：意思是到宗庙祭祀祖先时要极尽诚敬，这是不敢忘记祖先的恩德。

也^①。宗庙致敬，鬼神著矣^②。孝悌之至，通于神明，光于四海，无所不通^③。《诗》云：'自西自东，自南自北，无思不服^④。'"

注释：①**修身慎行，恐辱先也**：意思是平日里修身养性，谨慎自己的言行，这是唯恐玷污了祖先的英名。修身，指修养身心。慎行，行为小心谨慎。先，先祖。②**宗庙致敬，鬼神著矣**：意思是祭祀祖先时能极尽敬爱之心，那么鬼神也会显示他的功德。鬼神，即宗庙之祖先。著，明显。③**光于四海，无所不通**：能推及天下，人人遵从。④**无思不服**：没有人不肯服从。语出《诗经·大雅·文王有声》。

《孝经图》之《感应章》 宋·佚 名

《孝经图》之《事君章》 宋·佚 名

事君^①章第十七

shì jūn zhāng dì shí qī

子曰:"君子之事上也,进思尽忠^②,退思补过^③,将顺其美^④,匡救其恶^⑤,故上下能相亲也。《诗》云:'心乎爱矣,遐不谓矣^⑥。中心藏之,何日忘之^⑦。'"

注释: ①事君:侍奉君王。②进思尽忠:上朝为国家做事,要竭尽忠心。进,上朝见君,指为朝廷做事。③退思补过:回到家里,要反省修身,有没有做错事情。退,回到家里。④将顺其美:对君王的美政,要帮助其推行。将,助。⑤匡救其恶:对君王的过失,也要匡正补救。匡救,扶正补救。⑥心乎爱矣,遐不谓矣:尽管心中热爱他,却因为相隔得太远,无法告诉他。遐,远。谓,诉说。⑦中心藏之,何日忘之:只要把热爱之情藏在心中,不论何日何时都不会忘记。中心,心中。藏,隐藏。

《孝经图》之《事君章》 明·仇 英

《孝经图》之《丧亲章》 宋·佚　名

sàng qīn zhāng dì shí bā
丧亲章① 第十八

zǐ yuē　　　　xiào zǐ zhī sàng qīn yě　　kū
子曰："孝子之丧亲也，哭

bù yǐ　　lǐ wú róng　　yán bù wén　　fú měi
不偯②，礼无容③，言不文④。服美

bù ān　　wén yuè bù lè　　shí zhǐ bù gān
不安⑤，闻乐不乐⑥，食旨不甘⑦，

cǐ āi qī　　zhī qíng yě　　sān rì ér shí
此哀戚⑧之情也。三日而食⑨，

jiào mín wú yǐ sǐ shāng shēng　　huǐ bù miè
教民无以死伤生⑩，毁不灭

xìng　　cǐ shèng rén zhī zhèng yě　　sāng bù guò sān
性⑪，此圣人之政也。丧不过三

nián　　shì mín yǒu zhōng yě　　wèi zhī guān guǒ
年⑫，示民有终也⑬。为之棺、椁、

注释：①丧亲：失去双亲。②偯：哭的尾声迤逦委屈，指拖腔拖调。③礼无容：指丧亲时，孝子的行为举止不讲究仪容姿态。④言不文：指丧亲时，孝子说话不应辞藻华丽。文，有文采。⑤服美不安：孝子丧亲，穿着华美的衣裳会于内心不安。服美，穿着漂亮的衣裳。⑥闻乐不乐：意思是由于心中悲伤，孝子听到音乐也并不感到快乐。⑦食旨不甘：即使有美味的食物，孝子因为哀痛也不会觉得好吃。旨，美味。甘，味美，甜。⑧哀戚：忧虑，哀伤。⑨三日而食：指古时丧礼，父母之丧三天以后，孝子就应该进食。⑩教民无以死伤生：这是教导人民不要因父母的丧亡而伤害到自己的身体。⑪毁不灭性：虽因哀痛而消瘦，但是不能伤及生命。毁，因哀伤而损坏身体。⑫丧不过三年：指守丧之期不可超过三年。⑬示民有终也：让人民知道，丧礼是有终结的。终，指礼制上的终结。

衣、衾而举之^①，陈其簠簋而哀戚之^②。擗踊哭泣^③，哀以送之^④，卜其宅兆^⑤，而安措之^⑥；为之宗庙，以鬼享之^⑦；春秋祭祀，以时思之^⑧。生事爱敬，死事哀戚，生

注释：①棺：棺材。椁：套于棺材外的套棺。衣：寿衣。衾：覆盖或衬垫尸体用的单被。举：举起，抬起，指将遗体放进棺材中。②陈：陈列，摆设。簠簋：古代祭祀宴享时盛放稻粱黍稷的两种器皿。戚：哀伤。③擗踊：捶胸顿足，哀痛至极。擗，抚心，捶胸。踊，顿足。④送：送葬，出殡。⑤卜：占卜，指用占卜的方法选择墓地。宅：墓穴。兆：陵园。⑥安措：安置，指将棺材安放到墓穴中去。⑦为之宗庙，以鬼享之：为父母立庙，以祭祀鬼神的礼仪祭奠父母。⑧春秋祭祀，以时思之：举行春秋二祭以追念先人。春秋，指春秋两季。

《孔子圣迹图》之《治任别归》 明·佚 名

mín zhī běn jìn yǐ　　sǐ shēng zhī yì bèi yǐ
民之本尽矣①，死生之义备矣②，

xiào zǐ zhī shì qīn zhōng yǐ
孝子之事亲终矣③。"

注释：①生民之本尽矣：人民就尽到了为人子女应尽的本分。生民，人民。②死生之义备矣：养生送死的大义才算是齐全了。③孝子之事亲终矣：孝子已经尽到侍奉双亲最终的孝道了。

《孝经图》之《丧亲章》　明·仇　英

赤虹化玉　清·《孝经传说图解》

附录 二十四孝

元·郭居敬

yú shùn xiào gǎn dòng tiān
虞舜孝感动天

虞舜，瞽瞍之子。性至孝。父顽，母嚚，弟象傲。舜耕于历山，有象为之耕，鸟为之耘。其孝感如此。帝尧闻之，事以九男，妻以二女，遂以天下让焉。

队队春耕象，纷纷耘草禽。
嗣尧登宝位，孝感动天心。

仲由为亲负米
zhòng yóu wèi qīn fù mǐ

周仲由，字子路。家贫，常食
藜藿之食，为亲负米百里之外。亲
殁，南游于楚，从车百乘，积粟万
钟，累茵而坐，列鼎而食，乃叹
曰："虽欲食藜藿，为亲负米，不
可得也。"

负米供旨甘，宁辞百里遥。
身荣亲已殁，犹念旧劬劳。

闵子单衣顺母
mǐn zǐ dān yī shùn mǔ

周闵损，字子骞，早丧母。父
娶后母，生二子，衣以棉絮；妒
损，衣以芦花。父令损御车，体
寒，失镇。父查知故，欲出后母。
损曰："母在一子寒，母去三子
单。"母闻，悔改。

闵氏有贤郎，何曾怨晚娘？
尊前贤母在，三子免风霜。

zēng shēn niè zhǐ xīn tòng
曾参啮指心痛

zhōu zēng shēn　　zì　zǐ yú　　shì mǔ zhì xiào
周曾参，字子舆，事母至孝。

shēn cháng cǎi xīn shān zhōng　 jiā yǒu kè zhì　　mǔ wú
参尝采薪山中，家有客至。母无

cuò　　wàng shēn bù huán　nǎi niè qí zhǐ　　shēn hū xīn
措，望参不还，乃啮其指。参忽心

tòng　　fù xīn ér guī　　guì wèn qí gù　　mǔ yuē
痛，负薪而归，跪问其故。母曰：

yǒu jí kè zhì　　wú niè zhǐ yǐ wù rǔ ěr
"有急客至，吾啮指以悟汝尔。"

mǔ zhǐ cái fāng niè　　ér xīn tòng bù jìn
母指才方啮，儿心痛不禁。

fù xīn guī wèi wǎn　　gǔ ròu zhì qíng shēn
负薪归未晚，骨肉至情深。

老莱子戏彩娱亲

周老莱子，至孝，奉二亲，极其甘脆，行年七十，言不称老。常著五色斑斓之衣，为婴儿戏于亲侧。又尝取水上堂，诈跌卧地，作婴儿啼，以娱亲意。

戏舞学娇痴，春风动彩衣。
双亲开口笑，喜色满庭闹。

剡子鹿乳奉亲
shàn zǐ lù rǔ fèng qīn

zhōu shàn zǐ xìng zhì xiào fù mǔ nián lǎo
周剡子，性至孝。父母年老，

jù huàn shuāng yǎn sī shí lù rǔ shàn zǐ nǎi yì
俱患双眼，思食鹿乳。剡子乃衣

lù pí qù shēn shān rù lù qún zhī zhōng qǔ lù
鹿皮，去深山，入鹿群之中，取鹿

rǔ gòng qīn liè zhě jiàn ér yù shè zhī shàn zǐ
乳供亲。猎者见而欲射之。剡子

jù yǐ qíng gào yǐ miǎn
具以情告，以免。

qīn lǎo sī lù rǔ shēn guà hè máo yī
亲老思鹿乳，身挂褐毛衣。

ruò bù gāo shēng yǔ shān zhōng dài jiàn guī
若不高声语，山中带箭归。

汉文帝亲尝汤药

前汉文帝，名恒，高祖第三子，初封代王。生母薄太后，帝奉养无怠。母常病，三年，帝目不交睫，衣不解带，汤药非口亲尝弗进。仁孝闻天下。

仁孝临天下，巍巍冠百王。
莫庭事贤母，汤药必亲尝。

郭巨为母埋儿

汉郭巨,家贫。有子三岁,母尝减食与之。巨谓妻曰:"贫乏不能供母,子又分母之食,盍埋此子?儿可再有,母不可复得。"妻不敢违。巨遂掘坑三尺余,忽见黄金一釜,上云:"天赐孝子郭巨,官不得取,民不得夺。"

郭巨思供给,埋儿愿母存。

黄金天所赐,光彩照寒门。

江革行佣供母

后汉江革，少失父，独与母居。遭乱，负母逃难。数遇贼，或欲劫将去，革辄泣告有老母在，贼不忍杀。转客下邳，贫穷裸跣，行佣供母。母便身之物，莫不毕给。

负母逃危难，穷途贼犯频。
哀求俱得免，佣力以供亲。

姜诗涌泉跃鲤
jiāng shī yǒng quán yuè lǐ

汉姜诗，事母至孝；妻庞氏，
奉姑尤谨。母性好饮江水，去舍六
七里，妻出汲以奉之；又嗜鱼脍，
夫妇常作；又不能独食，召邻母
共食。舍侧忽有涌泉，味如江水，
日跃双鲤，取以供。

舍侧甘泉出，一朝双鲤鱼。
子能事其母，妇更孝于姑。

huáng xiāng shān zhěn wēn qīn
黄香扇枕温衾

后汉黄香，年九岁，失母，思慕惟切，乡人称其孝。躬执勤苦，事父尽孝。夏天暑热，扇凉其枕簟；冬天寒冷，以身暖其被席。太守刘护表而异之。

冬月温衾暖，炎天扇枕凉。

儿童知子职，知古一黄香。

蔡顺拾葚供亲
cài shùn shí rèn gòng qīn

汉蔡顺，少孤，事母至孝。遭王莽乱，岁荒不给，拾桑葚，以异器盛之。赤眉贼见而问之。顺曰："黑者奉母，赤者自食。"贼悯其孝，以白米二斗牛蹄一只与之。

黑葚奉萱闱，啼饥泪满衣。
赤眉知孝顺，牛米赠君归。

董永卖身葬父

汉董永，家贫。父死，卖身贷钱而葬。及去偿工，途遇一妇，求为永妻。俱至主家，令织缣三百匹，乃回。一月完成，归至槐阴会所，遂辞永而去。

葬父贷孔兄，仙姬陌上逢。
织缣偿债主，孝感动苍穹。

huáng tíng jiān qīn dí niào qì
黄庭坚亲涤溺器

sòng huáng tíng jiān　　yuán fú zhōng wéi tài shǐ
宋黄庭坚，元符中为太史，

xìng zhì xiào　　shēn suī guì xiǎn　　fèng mǔ jìn chéng　　měi
性至孝。身虽贵显，奉母尽诚。每

xī　　qīn zì wèi mǔ dí niào qì　　wèi cháng yī kè
夕，亲自为母涤溺器，未尝一刻

bù gòng zǐ zhí
不供子职。

guì xiǎn wén tiān xià　　píng shēng xiào shì qīn
贵显闻天下，平生孝事亲。

qīn zì dí niào qì　　bù yòng bì qiè rén
亲自涤溺器，不用婢妾人。

陆绩怀橘遗亲

后汉陆绩，年六岁，于九江见袁术。术出橘待之，绩怀橘二枚。及归，拜辞堕地。术曰："陆郎作宾客而怀橘乎？"绩跪答曰："吾母性之所爱，欲归以遗母。"术大奇之。

孝悌皆天性，人间六岁儿。
袖中怀绿橘，遗母报乳哺。

mèng zōng kū zhú shēng sǔn
孟宗哭竹生笋

jìn mèng zōng shào sàng fù mǔ lǎo bìng
晋孟宗，少丧父。母老，病

dǔ dōng rì sī sǔn zhǔ gēng shí zōng wú jì kě
笃，冬日思笋煮羹食。宗无计可

dé nǎi wǎng zhú lín zhōng bào zhú ér qì xiào gǎn
得，乃往竹林中，抱竹而泣。孝感

tiān dì xū yú dì liè chū sǔn shù jīng chí
天地，须臾，地裂，出笋数茎，持

guī zuò gēng fèng mǔ shí bì bìng yù
归作羹奉母。食毕，病愈。

lèi dī shuò fēng hán xiāo xiāo zhú shù gān
泪滴朔风寒，萧萧竹数竿。

xū yú dōng sǔn chū tiān yì bào píng ān
须臾冬笋出，天意报平安。

王裒闻雷泣墓
wáng póu wén léi qì mù

魏王裒，事亲至孝。母存日，
wèi wáng póu shì qīn zhì xiào mǔ cún rì

性怕雷，既卒，殡葬于山林。每遇
xìng pà léi jì zú bìn zàng yú shān lín měi yù

风雨，闻阿香响震之声，即奔至
fēng yǔ wén ā xiāng xiǎng zhèn zhī shēng jí bēn zhì

墓所，拜跪泣告曰："裒在此，母
mù suǒ bài guì qì gào yuē póu zài cǐ mǔ

亲勿惧。"
qīn wù jù

慈母怕闻雷，冰魂宿夜台。
cí mǔ pà wén léi bīng hún sù yè tái

阿香时一震，到墓绕千回。
ā xiāng shí yī zhèn dào mù rào qiān huí

225

王祥卧冰求鲤
wáng xiáng wò bīng qiú lǐ

晋王祥，字休征。早丧母，继
母朱氏不慈。父前数谮之，由是失
爱于父母。尝欲食生鱼，时天寒
冰冻，祥解衣卧冰求之。冰忽自
解，双鲤跃出，持归供母。

继母人间有，王祥天下无。

至今河水上，一片卧冰模。

吴 猛 恣 蚊 饱 血

晋吴猛，年八岁，事亲至孝。家贫，榻无帷帐，每夏夜，蚊多攒肤。恣渠膏血之饱，虽多，不驱之，恐去己而噬其亲也。爱亲之心至矣。

夏夜无帷帐，蚊多不敢挥。

恣渠膏血饱，免使入亲帏。

杨香扼虎救父

晋杨香，年十四岁，尝随父丰往田获杰粟，父为虎拽去。时香手无寸铁，惟知有父而不知有身，踊跃向前，扼持虎颈，虎亦靡然而逝，父子得免于害。

深山逢白虎，努力搏腥风。
父子俱无恙，脱离馋口中。

丁兰刻木事亲
dīng lán kè mù shì qīn

汉丁兰，幼丧父母，未得奉养，而思念劬劳之因，刻木为像，事之如生。其妻久而不敬，以针戏刺其指，血出。木像见兰，眼中垂泪。兰问得其情，遂将妻弃之。

刻木为父母，形容在日时。

寄言诸子侄，各要孝亲闱。

唐夫人乳姑不怠
táng fū rén rǔ gū bù dài

唐崔山南曾祖母长孙夫人，
táng cuī shān nán zēng zǔ mǔ zhǎng sūn fū rén

年高无齿。祖母唐夫人，每日栉
nián gāo wú chǐ zǔ mǔ táng fū rén měi rì zhì

洗，升堂乳其姑，姑不粒食，数年
xǐ shēng táng rǔ qí gū gū bù lì shí shù nián

而康。一日病，长幼咸集，乃宣言
ér kāng yī rì bìng zhǎng yòu xián jí nǎi xuān yán

曰："无以报新妇恩，愿子孙妇如
yuē wú yǐ bào xīn fù ēn yuàn zǐ sūn fù rú

新妇孝敬足矣。"
xīn fù xiào jìng zú yǐ

孝敬崔家妇，乳姑晨盥洗。
xiào jìng cuī jiā fù rǔ gū chén guàn xǐ

此恩无以报，愿得子孙如。
cǐ ēn wú yǐ bào yuàn dé zǐ sūn rú

朱寿昌弃官寻母

宋朱寿昌，年七岁，生母刘氏，为嫡母所妒，出嫁。母子不相见者五十年。神宗朝，弃官入秦，与家人决，誓不见母不复还。后行次同州，得之，时母年七十余矣。

七岁生离母，参商五十年。

一朝相见面，喜气动皇天。

庾黔娄尝粪心忧
yǔ qián lóu cháng fèn xīn yōu

南齐庾黔娄，为屏陵令。到县
nán qí yǔ qián lóu　　wéi càn líng lìng　　dào xiàn

未旬日，忽心惊汗流，即弃官归。
wèi xún rì　　hū xīn jīng hàn liú　　jí qì guān guī

时父疾始二日，医曰："欲知瘥
shí fù jí shǐ èr rì　　yī yuē　　　　yù zhī chài

剧，但尝粪苦则佳。"黔娄尝之
jù　　dàn cháng fèn kǔ zé jiā　　　qián lóu cháng zhī

甜，心甚忧之。至夕，稽颡北辰求
tián　　xīn shèn yōu zhī　　zhì xī　　qǐ sǎng běi chén qiú

以身代父死。
yǐ shēn dài fù sǐ

到县未旬日，椿庭遗疾深。
dào xiàn wèi xún rì　　chūn tíng yí jí shēn

愿将身代死，北望起忧心。
yuàn jiāng shēn dài sǐ　　běi wàng qǐ yōu xīn

232